구원 지식의 핵심

The Sum of Saving Knowledge
by David Dickson & James Durham

Originally published in 1650, Edinburgh, Scotland.
Historically printed and distributed along with
the *Westminster Confession of Faith and the Catechisms*.
This work is in the public domain.

This Korean edition © 2025 by Word of Life Press, Seoul, Korea.
Translated from the 1870 edition by Johnstone, Hunter, & Co., Edinburgh
(also in the public domain).
All rights reserved.

구원 지식의 핵심

© **생명의말씀사** 2025

2025년 4월 24일 1판 1쇄 발행

펴낸이 ㅣ 김창영
펴낸곳 ㅣ 생명의말씀사

등록 ㅣ 1962. 1. 10. No.300-1962-1
주소 ㅣ 서울시 종로구 경희궁1길 6 (03176)
전화 ㅣ 02)738-6555(본사) · 02)3159-7979(영업)
팩스 ㅣ 02)739-3824(본사) · 080-022-8585(영업)

기획편집 ㅣ 유영란
디자인 ㅣ 최종혜
인쇄 ㅣ 영진문원
제본 ㅣ 보경문화사

ISBN 978-89-04-16916-0 (03230)

저작권자의 허락 없이 이 책의 일부 또는 전체를
무단 복제, 전재, 발췌하면 저작권법에 의해 처벌을 받습니다.

구원 지식의 핵심

데이비드 딕슨, 제임스 더럼 지음
이스데반 편역

웨스트민스터
신앙고백
구원론의 요지

생명의말씀사

추천사

어린아이에게 아무거나 먹이면 큰일 납니다. 어린아이에게는 영양가 높고 싱싱한 음식을 소화하기 쉽게 만들어 사랑을 한껏 담아 정성껏 먹여야 합니다. 신앙도 마찬가지입니다. 새신자나 초신자는 신앙에 있어서 어린아이와도 같습니다. 많이 먹는 것이 중요한 것이 아니라 건강한 음식을 제대로 먹는 것이 더 중요합니다. 『구원 지식의 핵심』이 바로 이런 역할을 충실히 감당할 수 있습니다. 탁월한 스코틀랜드 개혁신학자였던 데이비드 딕슨과 제임스 더럼은 신자라면 반드시 먹어야 할 '지식의 핵심'을 쉬운 필체로 에센스만을 간추려 명확히 녹여 냈습니다. 『구원 지식의 핵심』을 충실히 읽다 보면, 언약, 그리스도, 은혜, 구원, 율법, 죄, 복음, 화목, 영생, 경건 등 신앙의 기초 골격을 튼튼히 세울 수 있습니다. 교회의 건강함은 궁극적으로 '신학의 건강함'에서 옵니다. 이 책을 읽은 신자들이 신학적 토양이 굳건해져 한국 교회 면면을 건강하게 세울 것을 생각하니 벌써부터 마음이 떨려옵니다.

박재은, 총신대학교 조직신학 교수, 교목실장 및 섬김리더교육원장

스코틀랜드 장로 교회의 탁월한 신학자 두 분이 함께 저술한 『구원 지식의 핵심』은 교회의 다양한 교육 현장에서 사용될 수 있는 매우 탁월한 신앙 교육 교재입니다. 특별히 복음의 핵심을 간단하고 쉽게 가르치고 싶을 때, 죄인이 구원에 이르는 길을 정확하고 분명하게 가르치고 싶을 때, 얇은 분량의 이 책은 가르치는 사람과 배우는 사람 모두에게 매우 유익한 도구입니다. 하지만 이 책의 가장 큰 강점은 복음의 핵심과 죄인이 구원에 이르는 길을 설명할 때, 성경이 매우 중요하게 가르치는 '하나님의 언약'의 틀에서 설명한다는 것입니다. 그래서 이 책은, 비록 분량은 적지만, 성경이 본래 가르치는 복음의 근본적인 내용을 확실하게 이해하고 믿을 수 있게 하는 강력한 힘을 발휘합니다. 그동안 저는 잉글랜드 청교도들의 책을 즐겨 읽고 번역하여 한국 교회에 소개했는데 가끔은 스코틀랜드 장로교회 목사님들의 책을 읽고 번역할 기회도 있었습니다. 그때마다 저는 생각했습니다. '한국 교회가 스코틀랜드 장로 교회의 영적 유산을 좀 더 배우면 복음의 핵심을 이해하고 믿고 가르치는 데 있어서 지금보다 훨씬 더 온전해지고 풍요로워질 수 있겠다.' 그래서 저는 스코틀랜드 장로 교회가 영적 유산으로 남긴 『구원 지식의 핵심』이 이스데반 목사님의 귀한 수고를 통해 한글로 번역되어 출간되는 일이 정말 기쁩니다. 기대됩니다. 그래서 독자 여러분께 이 책을 진심으로 추천합니다. 최근 미국에서는 이 책의 탁월함과 실용성이 재조명을 받으면서 이 책에 대한 관심이 고조되고 있습니다. 모쪼록 한국에서도 같은 일이 일어나기를 기대합니다.

이태복, 미국 새길개혁교회 목사, 『신앙 베이직』 저자, 청교도 서적 전문 번역가

평소 저는 구원 얻는 도리에 관한 풍성한 내용을 담고 있으면서도 어린 신자에게는 부담되지 않는 책이 저술되기를 바라왔습니다. 하지만 삼위 하나님의 구원 사역에 초점을 맞춘 책들은 어렵고 새신자 교재들은 쉽기는 하나 하나님의 구속 경륜을 담아내지 못하는 경우가 많았습니다. 그런데 이 책을 접하고서는 이런 아쉬움이 한 순간에 사라졌습니다! 본서는 "내가 어떻게 하여야 구원을 받으리이까?"라고 묻는 구도자에게는 구원의 정상으로 인도하는 안내자가 되고, 영적인 아이에게는 반드시 필요한 영적 자양분이 될 것입니다. 구원에 이르는 지식을 구비하게 할 뿐 아니라 구원 얻는 믿음으로 자신의 영적 상태를 파악하고 청결한 양심과 거짓되지 않은 믿음을 가지고 살아가게 한다는 점에서 일반 성도에게도 유익합니다. 또 성경 본문에서 교리를 추출해 내고 각각의 교리를 적용하게 한다는 점에서 복음 전도자에게도 유익할 것입니다. 자칫하면 어둠 속에 묻혀 있을 뻔한 숨은 보화를 찾아낸 편역자의 수고에 머리 숙여 감사합니다.

최덕수, 현산교회 담임목사

차례

추천사 04
편역자 서문 10
영서 발행인 서문 14

구원 지식의 핵심
구원 지식의 토대를 이루는 세 가지 언약

1. 행위 언약을 어긴 사람의 비참한 상태   21
2. 예수 그리스도 안에서 주어진 구제책   24
3. 은혜 언약 안에서 주어진 수단   30
4. 수단을 통해 주어지는 구원의 은혜   33

구원 지식의 실천적 적용
죄, 의, 심판을 깨달아 오직 그리스도를 믿음

5. 율법을 통해 죄를 깨달음   41
6. 율법의 행위로는 얻지 못하는 의   45
7. 율법에 의한 심판   48
8. 복음에 의해 죄, 의, 심판을 깨달음   51
9. 오직 그리스도를 믿음으로 얻는 의   56
10. 은혜 언약을 받은 사람에게 나타나는 믿음의 강화   61

3부 믿음에 대한 보증과 동기
영생을 주시기 위해 우리를 부르시는 하나님

11. 하나님의 애정 어린 초청　71
12. 화해로 부르시는 하나님의 진지한 요청　82
13. 모든 사람에게 믿으라고 하시는 하나님의 명령　91
14. 신자에게 주어진 영생의 확신　98

 ## 4부 참된 믿음의 증거
구원받은 자의 삶에서 반드시 나타나는 열매

15. 도덕법에 관한 신자의 의무를 깨달음　107
16. 경건과 의의 법칙을 실천함　113
17. 그리스도를 믿음에 따르는 율법에 대한 순종　117
18. 그리스도와 긴밀한 교제를 유지함　121
19. 신자를 견고히 세우기 위한 실천적인 결론　126

편역자 주　130

편역자 서문

개혁 신학이 우리나라에 점차 넓게 소개되고 있지만, 여전히 전도와 선교 현장, 또 전도 교육이 이루어지는 현장을 보면 개혁 신학과는 사뭇 다른 '사영리'와 그 아류들이 세력을 유지하고 있습니다.[1] 저는 이런 현실을 타개하고 성경적 복음 전도를 보급하고자 한국청교도연구소와 협의하여 『참 구원의 길을 아십니까』[2]라는 개혁파 전도지를 소개한 바 있습니다.

또한 100여 년 전 우리나라의 복음 전도가 어떤 모습이었는지 현세대에 증거하기 위해 마포삼열(Samuel A. Moffett, 1864-1939) 목사님이 당시 한글로 번역했던 전도 소책자 『장원 양우상론』을 현대어로 공동 번역하여 선보였습니다.[3] 이런 자그

마한 성경적 복음 전도 운동은 파급력은 크지 않았지만, 통일을 대비하는 조국 교회의 갱신을 위해 소중한 작업이라 생각되었습니다.

그런 중에 저는 개혁 신학의 핵심을 구원의 관점에서 탁월하게 제시하는 본서를 발견하게 되었고, 여기에 조국 교회를 위해 한글판을 내놓습니다. 우리는 본서 『구원 지식의 핵심』[4]을 통해 이미 17세기에 초신자를 위해 복음의 핵심을 성경적으로 전달하려 했던 스코틀랜드 목회자들의 열정을 엿볼 수 있습니다. 그리고 본서는 개혁파 언약 신학의 핵심인 행위 언약과 구속 언약 및 은혜 언약의 연결 속에서 하나님의 구원

섭리를 뚜렷하게 보여 준다는 점에서 현대의 알미니우스주의적[5] 전도 기법과는 그 차원과 수준에서 확연한 차이점을 드러냅니다.

예를 들어 현대 전도법은 자연인의 의지를 사용해 '영접 기도'를 통과하도록 유도하고 통과한 사람은 구원받은 사람인 것처럼 확신하도록 이끕니다. 이와 달리, 본서는 은혜의 방편으로서 믿음을 구하는 자가 어떤 식으로 기도하는 것이 바람직한지 가르치기 위해 성경적 기도의 한 유형을 소개하고 기도하도록 권유하는 데 머무릅니다. 그리고 하나님의 예정과 삼위일체적 구원 사역, 타락한 인간의 전적인 무능과 복음의 필요성, 은혜 언약의 중보자로서 그리스도의 속죄와 순종, 믿음에 의한 그리스도의 의의 전가, 신자에게서 나타나는 율법에 대한 순종 및 불신자가 받게 되는 영원한 멸망에 대한 경고에 있어서 매우 명확한 개혁 신학적 관점을 유지하면서 불신자에게 강력하게 회개를 요청합니다.

무엇보다도 본서는 웨스트민스터 표준문서의 신학과 동일한 맥락 속에서 작성되었고 스코틀랜드에서는 이들 표준문서와 함께 묶어서 출간되기도 했습니다. 비록 조직 신학적 얼개 속에서 신학의 내용을 총망라하지는 않지만, 본서는 성경 본문의 강해를 통해 새신자에게 구원 지식의 요체를 집중적으로 전달하는 데 특화된 소책자로서, 현대 개혁 교회 및 장로 교회 가운데서도 여전히 활용 가치가 높은 책이라 사료됩니다.

지면을 빌어 본서의 가치를 발견하고 기꺼이 출간을 맡아 주신 생명의말씀사 관계자 여러분과 추천사를 보내 주신 이태복 목사님, 박재은 교수님 그리고 추천사와 함께 책의 가독성을 높이기 위해 조언해 주신 최덕수 목사님께 감사의 뜻을 전합니다.

모쪼록 이 책을 통해서 조국 교회의 전도와 새신자 교육에 있어서 합당한 전환점이 마련되기를 기대합니다. *Laus Deo*!

(찬송이 하나님께!)

V. D. M. 이스데반
압독국 무학산 자락에서

편역자 소개

계명대학교에서 자연과학을 공부한 후(BS, MA) 스코틀랜드 글라스고 소재 스트라쓰클라이드 대학(University of Strathclyde)에서 공부했다(PhD, 의약화학 전공). 이후 말씀의 사역자로 부르심을 받아 영남신학대학교 신학대학원에서 공부했으며(MDiv) 현재 자라가는교회를 섬기고 있다. 저서로 『중생이란 무엇인가』(부흥과개혁사) 등이 있고, 역서로는 『바빙크의 중생론』(CLC) 등이 있다.

영서 발행인 서문

『구원 지식의 핵심』(*The Sum of Saving Knowledge*)은 스코틀랜드 어빈의 박식한 목회자인 데이비드 딕슨(David Dickson, 1583-1663)과, 동일하게 유명하며 딕슨의 뒤를 이어 글라스고대학의 신학 교수가 된 제임스 더럼(James Durham, 1622-1647)의 공동 작품입니다. 존 하우이(John Howie, 1735-1793)는 자신의 책 『훌륭한 스코틀랜드인의 생애』(*Lives of the Scots Worthies*)[1]에서 본서의 기원과 목적을 이렇게 묘사합니다.

"교회의 위대한 이 두 빛 사이에 매우 친밀한 교제가 있었습니다. 그리고 그들이 그리스도인으로서 나눈 대화의 여러 결과 가운데 우리는 『구원 지식의 핵심』을 가지게 되었습니다. 이 책은 우리의 신앙고백서 및 요리 문답서들[2]과 함께 인쇄되었습니다. 평범한 사람들이 유익을 얻도록 이 주제와 취급 방식에 대한 여러 대담 이후에 이 책은 딕슨과 더럼이 저술하여 1650년경에 한 목회자에게 위탁되었습니다. 비록 이 책은 교회에 의해 공인되지는 않았지만 지금보다 훨씬 더 많이 읽고 실천할 가치가 있습니다."

로버트 맥체인(Robert Murray M'Cheyne, 1813-1843) 목사는 이 책을 읽은 후 하나님을 받아들이는 방법에 대한 분명한 이해를 가지게 되었습니다. 그의 일기에서 발췌한 다음 내용이 이를 말해 줍니다.

"1834년 3월 11일. 『구원 지식의 핵심』을 읽으라. 나는 무엇보다도 이 책이 내게 구원의 변화를 가져다주었다고 생각한다. 그 변화가 완전함으로 나아갈진대 실로 나는 기쁘게 이 책을 읽고 또 읽으리라!"

존스톤(Johnstone)과 헌터(Hunter)
1871년 1월 2일, 에든버러에서

일러두기

- 원문의 부제목과 장제목 중 지나치게 긴 것은 편역자가 핵심만 추려서 간소하게 정리했습니다.
- 부와 각 장의 항별 소제목 일체는 독자의 편의를 위해 편역자가 붙였습니다.
- 문단 구분은 독자의 편의를 위해 편역자가 일부 정돈했습니다.
- 본문 내용에서 '굵은 글씨'로 강조한 부분은 독자의 이해를 돕기 위해 편역자가 추가한 것입니다.
- 주석은 독자의 이해를 돕기 위해 모두 편역자가 추가한 것입니다.

구원 지식의 핵심은 아래 네 가지 주제로 다뤄질 수 있습니다.

1. 행위 언약이 파기되어 모든 사람이 본래부터 비참한 상태에 속하게 됨
2. 은혜 언약에 의해, 예수 그리스도 안에 있는 택자[1]를 위해 구제책이 주어짐
3. 택자가 은혜 언약의 수혜자가 되도록 지정된 방편들
4. 이 방편들에 의해 택자에게 유효하게 주어지는 은혜들

이 네 가지 주제는 각각 앞으로 살펴볼 몇 가지 요점들로 제시됩니다.

1부

구원 지식의 핵심

구원 지식의 토대를 이루는 세 가지 언약

일러두기

1장부터 4장까지 제목 다음에 성경 구절이 한 구절씩 기재되어 있으나 이어지는 설명과 직접적인 관련성이 떨어지기에 삭제했습니다. 대신 설명과 관련된 성경 구절은 괄호에 표기했는데 이는 독자의 이해를 돕기 위해 모두 편역자가 추가한 것입니다.

1

행위 언약을 어긴 사람의
비참한 상태

1. 삼위일체 하나님의 작정과 섭리

전능하시고 영원하신 하나님은 본질적으로 동일하고 나뉘지 않는 한 분이시며, 성부 성자 성령으로 구별되는 세 위격[1]이십니다(마 3:16-17; 28:19). 하나님은 무한하신 분으로서 모든 완전함 가운데 시간이 있기 이전에, 시간 속에서 일어날 일은 무엇이든지 그 자신의 영광을 위해 가장 지혜롭게 작정하셨습니다(엡 1:11). 그리고 어떤 피조물의 죄에 가담하시지 않으면서 자신의 모든 작정을 가장 거룩하고 오류 없이 실행하십니다(요일 1:5).

2. 창조와 행위 언약

하나님은 6일 동안 무(無)로부터 만물을 만드셨는데 각기 종류대로 매우 좋았습니다(창 1:31). 특별히 하나님은 모든 천사를 거룩하게 만드셨습니다. 그리고 하나님은 인류의 뿌리인 아담과 하와를 우리의 첫 조상으로 만드셨는데 올바르게 그리고 그들이 마음속에 기록된 율법을 지킬 수 있도록 만드셨습니다(창 1:27; 엡 4:24).

아담과 하와는 이 율법에 순종하도록 본성적으로 묶여 있었고, 순종하지 않는다면 죽음의 형벌에 처해질 것이었습니다. 그러나 하나님께서는 그들의 순종에 대해 보상하실 의무가 없었습니다. 그들과 또 그들의 후손과 언약 혹은 계약을 맺으시기 전까지는 말입니다. 그 언약은 완전하고 인격적인 순종이란 조건하에서 그들에게 영생을 주며 동시에 그들이 완전한 순종에 실패할 경우 죽음의 위협을 주었습니다. 이것이 행위 언약입니다(창 2:17; 갈 3:10).[2]

3. 행위 언약의 파기와 원죄

경험이 증명하듯이 천사와 사람은 모두 그들 자신의 자유 의지를 따라 변화될 가능성이 있었습니다(창 3:6). 그러나 하나님은 본성적으로 변화하실 수 없는 비공유적 속성[3]을 스스로 보유하십니다. 많은 천사가 스스로의 의지에 따라 죄로 인해 그들의 첫 지위로부터 타락하여 마귀가 되었습니다. 우리의 첫 조상은 사탄에게 유혹을 받았는데 이들 마귀 중 하나가 뱀을 통해 하는 말을 듣고 금지된 열매를 먹음으로써 행위 언약을 파기했습니다(창 3:13, 고후 11:3).

그리하여 우리의 첫 조상들 그리고 뿌리에 붙은 가지처럼 그들의 허리에 있으면서 동일한 언약 안에 포함된 그들의 후손은 단지 영원한 죽음을 면하지 못할 뿐만 아니라, 또한 하나님을 기쁘시게 할 모든 능력을 잃어버렸습니다. 그렇습니다. 그들은 본성적으로 하나님과 모든 영적인 선에 대하여 원수가 되었고 지속적으로 악으로 기울었습니다(롬 3:10-12; 창 6:5; 8:21). 이것이 우리의 원죄인데 원죄는 생각, 말, 행위 가운데 있는 우리의 모든 실제적인 범죄의 쓴 뿌리입니다.[4]

2

예수 그리스도 안에서 주어진 구제책

1. 무능한 인간

사람은 그 자신을 원죄와 자범죄에 빠진 비참한 상태로 몰아넣었습니다. 그런데 스스로 자신을 도울 수 없으면서 그런 상태에서 벗어나도록 하나님께 도움을 받으려 하지도 않습니다. 오히려 멸망할 때까지 가만히 누워 무감각하게 지내려는 경향이 있습니다(엡 2:2-3).

그러나 하나님은 그 자신의 풍성한 은혜의 영광을 위해 자신의 말씀을 통해 죄인을 구원하기 위한 길을 계시하셨습니다. 즉 하나님의 영원하신 아들 예수 그리스도를 믿음으로 말미암는 길을 말입니다. 이는 세상이 시작되기 전 삼위일체의 경륜 속에서 성부 하나님과 성자 하나님 사이에 만들어지고 합의된 구속 언약[1] 덕분이며 그 목적에 따른 것입니다.

2. 구속 언약과 은혜 언약 안에 세워진 중보자 그리스도

1) 구속 언약의 핵심은 이렇습니다.[2] 하나님이 그 자신의 풍성한 은혜의 영광을 위해, 잃어버린 인류 중 특정한 수의 사람에게 영원한 생명을 주기로 자유롭게 선택하시고, 세상이 시작되기 이전에 그들에게 지정된 구속자이신 성자 하나님을 주셨습니다(엡 1:5).

   그런 상황 아래서 성자 하나님은 한 영혼과 한 육신이라는 인간 본성을 취하시기까지 자신을 낮추셨습니다. 그리고 택자를 위한 보증자로서 그들을 위한 공의를 만족시키기 위해 자신을 율법에 복종시키시고 택자를 위해 심지어 저주받은 십자가 죽음을 당하시기까지 순종하셨습니다(빌 2:8).

   구속 언약에 따라 성자 하나님은 택자 모두를 죄와 사망으로부터 속량하시고 구속하시며 그들을 값 주고 사셔서 의와 영생으로 이끄셔야 합니다. 의와 영생으로 이끄는 모든 구원하는 은혜가 그리스도 자신의 약속에 따라 때가 되면 그들 각자에게 유효하게 적용되어야 합니다(엡 1:7, 14). **이는 성령 하나님을 통해 이루어집니다.**

2) 구속 언약은 이렇게 성취되었습니다.[3] 우리 주 예수 그리스도이신 하나님의 아들은 세상이 시작되기 전에 구속 언약의 조건을 진실로 받아들이셨습니다. 그리고 때가 차매 세상 속으로 들어오셨고 동정녀 마리아에게서 나셨습니다(마 1:20). 그리고 그 자신을 율법에 복종시키셨고 십자가 위에서 완전하게 속전을 지불하셨습니다(롬 3:25-16; 5:19).

또한 앞서 말한 세상이 시작되기 이전에 만들어진 협의, 즉 구속 언약으로 인해 그리스도께서는 아담의 타락 이후 모든 세대 가운데 택함 받은 자를 위해 값 주고 사신 은택을 **성령님을 통해** 실제로 여전히 적용하십니다. 이러한 적용은 그들의 믿음을 통해 값없이 주어지는 은혜 언약 및 하나님과 택자의 화해를 통해 이루어집니다. 은혜 언약에 의해 그리스도께서는 각 신자에게 그리스도 자신과 자신의 모든 복에 대한 권리와 이익을 베푸셨습니다(롬 10:9; 요 3:16).

3) 따라서 은혜 언약의 핵심은 이러합니다.[4] 행위 언약이 요구한 완전한 순종은 아담의 타락으로 인해 원죄를 가지고 태어난 모든 사람으로서는 도달할 수 없는 일이 되었습니다. 이에 하나님은 중보자 그리스도를 통해 행위 언약의 요구를 만족시키시고 그리스도 안에서 은혜 언약을 베푸셨습니다(롬 3:20-21; 창 3:15). 하나님은 둘째 아담이신 그리스도 안에서 모든 택자와 이 언약을 맺으셨습니다.

은혜 언약 아래서 중보자 예수 그리스도께서는 아담이 실패한 자리에서 택자를 대신해 하나님의 율법에 완전히 순종하셨습니다. 또한 죄로 물든 택자를 대신해 십자가에서 죗값을 대신 지불하셨습니다. 그래서 예수 그리스도를 믿는 사람은 예수 그리스도의 대리 속죄와 대리 순종 행위로 인해 죄 사함과 영생을 얻습니다(갈 3:11).

이것은 참으로 은혜가 아닙니까? 그래서 이 언약을 은혜 언약이라 부릅니다. 그러므로 은혜 언약은 곧 복음의 본질입니다.[5]

3. 그리스도의 삼중직을 통한 구원 은택의 수여

예수 그리스도께서는 구속 언약의 성취를 위해 그리고 은혜 언약 안에서 택자가 그 은택을 취하게 하시려고 선지자, 제사장 그리고 왕의 삼중직을 부여받으셨습니다.

1) 선지자가 되심으로 자기 백성에게 구원하는 모든 지식을 계시하시고 그들이 믿고 순종하도록 설득하십니다(행 3:22).

2) 제사장이 되심으로 단번의 영원한 희생으로 자기 백성을 위해 자신을 드리셨고, 그들의 인격과 예배가 하나님께 받아들여지도록 지속적으로 성부께 중보하십니다(히 5:5-6).

3) 왕이 되심으로 자기 백성을 그분께 복종하게 하시고, 그 자신이 지정하신 규례에 의해 그들을 양육하시고 다스리십니다. 그리고 그들을 적들로부터 보호하십니다(시 2:6; 눅 1:33).

세 가지 언약 핵심 요약[6]

1. 행위 언약
인류의 대표인 아담과 아담 안에 있는 모든 후손이 하나님과 맺은 언약입니다. 아담은 완전한 순종으로 영생을 얻을 수 있었으나 금지된 열매를 먹음으로써 불순종하고 행위 언약을 파기하였습니다. 그리고 그 결과로 자신과 모든 후손을 사망에 처하게 했고 타락한 상태에 빠지게 했습니다.

2. 구속 언약
창세 전 성부는 택자의 구원을 위해 성자를 그리스도로 보내시기로 하고, 성자는 그 사역을 맡기로 하셨으며, 성령은 성자의 구원 사역을 모든 택자에게 적용하기로 동의하심으로써 영원 속에서 '구원의 협의'가 이루어졌습니다.

3. 은혜 언약
구속 언약의 실재로서, 하나님은 그리스도 안에서 모든 택자와 이 언약을 맺으셔서 그리스도를 믿는 자가 구원을 얻게 하셨습니다. 이는 행위 언약에서 요구되었던 완전한 순종을 둘째 아담이신 그리스도께서 택자의 대표로 대신 맡아 감당하신 덕분이며, 또한 죄 사함을 위한 속죄의 제물이 되어 주신 덕분입니다. 아담 안에서 타락한 택자는 그리스도 안에서 은혜 언약으로 인해 믿음을 통해 영생을 얻습니다.

3

은혜 언약 안에서 주어진 수단

1. 은혜의 방편

사람에게 은혜 언약을 전달하는 외적인 방편과 성례는 매우 지혜롭게 분배되어, 택자는 이 방편을 통해 오류 없이 회심하고 구원을 얻을 것입니다. 그들 사이에 있는 택함 받지 않은 자들은 부당하게 정죄받지 않을 것입니다. 은혜의 방편은 특별히 다음 네 가지를 가리킵니다.

1) **하나님의 말씀**: 보냄 받은 설교자가 설교한 하나님의 말씀을 통해 주님은 예수 그리스도를 믿음으로 받아들이

는 모든 죄인에게 은혜를 베푸십니다. 그리고 자신의 죄를 고백하고, 그리스도의 구속을 받아들이고, 자신을 하나님의 규례에 복종시키는 사람이라면 누구든지 주님은 그들을 은혜 언약의 영광과 특권 속으로 받아들이십니다(막 16:15-16).

2) **성례:** 하나님은 앞서 말한 조건하에서 은혜 언약을 확증하기 위해 성례를 통해 그 언약을 봉인하십니다(롬 6:3-4; 고전 10:16-17).

3) **권징:** 권징을 통해 하나님은 그들을 보호하시고 그들이 은혜 언약을 지키도록 도우십니다(딤전 5:20; 1:20; 유 23).

4) **기도:** 기도를 통해 하나님은 은혜 언약으로 약속된 그분의 영광스러운 은혜가 매일 솟아나고 신자에게 알려지고 적용되게 하십니다(빌 4:6; 시 65:2).

언약에 참여하는 자는 그 자질에 따라 실제적으로 또는 단지 고백으로만 이 모든 방편을 따르는데, 그들은 각각 참된 신자이거나 또는 위선적인 신자일 것입니다.

2. 은혜 언약의 두 가지 성례

그리스도께서 오시기 전 구약 안에서 그리고 그분이 오신 이후 신약 안에서 규정된 은혜 언약은 비록 외적인 시행은 다르지만 본질상 하나이며 동일합니다(갈 3:14-16; 행 15:11). 구약 안에서 은혜 언약은 할례와 유월절 어린양의 성례로 봉인되었기 때문에, 다가올 그리스도의 죽음과 이로써 얻을 은택들을 피 흘린 희생제물의 그림자와 여러 가지 의식들 아래에서 제시했습니다(히 8-10장).

그러나 그리스도께서 오신 이후로 은혜 언약은 세례와 성찬의 성례로 봉인되었습니다. 그리고 성례는 그분 자신의 백성의 유익을 위해 이미 십자가에서 죽으시고 사망과 무덤을 이기시고 하늘과 땅을 영광스럽게 통치하시는 그리스도를 우리 눈앞에 실로 제시합니다(마 28:19-20; 고전 11:23-25).

참고

앞에서 제시한 은혜의 방편 네 가지는 사실상 '말씀과 기도' 두 가지로 압축된다. 설교는 '들리는 말씀'이며, 성례는 '보이는 말씀'이고, 권징은 '치리의 말씀'으로 이 셋은 모두 하나님의 말씀으로 주어지기 때문이다. 그리고 이 셋은 참된 교회의 세 가지 표지이기도 하다(편역자 주).

4

수단을 통해 주어지는 구원의 은혜

1. 은혜에 의한 내적인 변화

이런 외적인 방편을 통해 우리 주님은 택함 받지 않은 자에게 변명의 여지가 없게 하십니다. 또한 주님은 구속 언약 안에서 택자를 위해 값 주고 사신 구원하는 모든 은혜를 성령님의 권능으로 택자에게 유효하게 적용하십니다. 그리고 그들의 인격 안에 다음과 같은 특별한 변화를 일으키십니다.

1) 주님은 택자에게 영적인 생명을 주셔서 그들을 회심 혹은 중생시키십니다. 그러면 그들의 영적인 이해가 열리

고 그들의 의지와 정서 그리고 능력이 새로워지며 주님의 계명에 영적으로 순종하게 됩니다(롬 8:2; 엡 2:1-5; 딤후 1:9-10).

2) 주님은 택자에게 구원하는 믿음을 주십니다. 그래서 그들로 자신이 정죄받아 마땅하다는 의식 가운데 은혜 언약에 진심으로 동의하게 하시고 예수 그리스도를 거짓 없이 받아들이게 하십니다(엡 2:8).

3) 주님은 택자에게 회개를 주십니다. 그리하여 경건한 슬픔으로 죄를 혐오하는 마음을 갖게 하시며, 의를 사랑하는 마음으로 모든 사악한 행위로부터 돌이켜 하나님을 예배하게 하십니다(고후 7:11).

4) 주님은 택자를 성화시키십니다. 그리하여 믿음으로 그리고 하나님의 율법에 대한 순종으로 전진하며 인내하게 하십니다. 또한 하나님이 기회를 주시는 대로 모든 의무와 선행을 하여 열매 맺게 하십니다(고후 7:1).

2. 은혜에 의한 상태의 변화

이런 인격의 내적인 변화와 함께 하나님은 또한 택자의 상태를 변화시키십니다. 그들은 믿음에 의해 곧장 은혜 언약에 속하게 되기 때문입니다.

1) **의롭다 함을 받음**: 하나님은 그리스도께서 택자를 위해 율법에 완전히 순종하신 일과 또 십자가 위에서 공의를 만족시키신 일을 택자에게 전가[1]하셔서 그들을 의롭다 하십니다(롬 5:17-10).

2) **하나님과 화해를 이룸**: 하나님은 택자와 화해하시고 이전에 그분과 원수였던 그들을 하나님과 친구가 되게 하십니다(골 1:22).

3) **하나님의 자녀 됨**: 하나님은 택자를 양자 삼으셔서 더는 사탄의 자녀가 아닌 하나님의 자녀가 되게 하시고, 하나님의 자녀에게 주어지는 모든 영적인 특권들로 부요하게 하십니다(롬 8:15; 갈 2:6).

4) **영화롭게 됨**: 하나님은 택자가 이생에서의 싸움이 끝난 후 죽었을 때 먼저 그들 영혼에 거룩함과 복 됨을 완전하게 하십니다. 그리고 심판을 위해 그리스도께서 영광스럽게 오시는 날에 부활 가운데 그들의 영혼과 그들의 육신이 기쁨으로 다시 연합되게 하십니다(고전 15:42-44).

5) **영생을 누림**: 이때 택자가 예전에 섬겼던 사탄과 함께 모든 악한 자들이 지옥으로 보내질 것입니다(살후 1:7-10). 그러나 그리스도 자신이 택하시고 구속하신 이들, 즉 참된 신자들, 거룩하게 된 제자들은 영광스러운 상태 속에서 영원토록 그리스도와 함께 살 것입니다(마 25:21; 요 6:58; 롬 8:30).

The Sum of Saving Knowledge

기독교 교리의 주되며 일반적인 용도는 죄와 의와 심판에 대해 사람을 설득하는 것입니다(요 16:8). 기독교 교리는 한편으로 사람이 율법에 의해 또는 행위 언약에 의해 겸손해지고 회개하도록 돕습니다. 다른 한편으로는 복음에 의해 또는 은혜 언약에 의해 사람이 예수 그리스도 안에서 참된 신자가 되고, 견고한 기초와 보증 위에서 자신의 믿음이 견고해지며, 선한 열매를 통해 자신의 믿음이 진실한 증거를 제시하고 구원에 이르도록 돕습니다.

행위 언약 또는 율법의 핵심은 이러합니다. "만일 네가 계명을 모두 이행하고 한 부분에도 실패하지 않는다면 너는 구원받을 것이다. 그러나 네가 실패한다면 너는 죽을 것이다"(롬 10:5, 갈 3:10, 12).

은혜 언약 또는 복음과 화해의 핵심은 이러합니다. "만일 네가 마땅히 받을 진노로부터 참된 구속주 예수 그리스도(그분은 자신을 통해 하나님께로 오는 모든 사람을 구원하실 수 있다)께로 피한다면 너는 멸망하지 않고 영생을 얻을 것이다"(롬 10:8–9, 11).

구원 지식의 실천적 적용을 위해, 이어지는 장에서 제시하는 몇몇 성경 구절을 살펴보겠습니다.

2부

구원 지식의 실천적 적용

죄, 의, 심판을 깨달아 오직 그리스도를 믿음

5

율법[1]을 통해 죄를 깨달음

"만물보다 거짓되고 심히 부패한 것은 마음이라 누가 능히 이를 알리요마는 나 여호와는 심장을 살피며 폐부를 시험하고 각각 그의 행위와 그의 행실대로 보응하나니"(렘 17:9–10).

여기에서 주님은 다음 두 가지를 가르치십니다.

1. 전적 부패

하나님에 대한 우리의 모든 잘못과 실제적인 죄의 근거는 우리 마음에 있습니다. 마음은 정신, 의지, 정서 그리고 영혼의 모든 능력을 포괄합니다. 우리 마음은 원죄로 인해 부패하고 더럽혀져 있기에, 우리 정신은 구원하는 진리에 관해 무지하며 그 진리를 받을 능력이 없을 뿐만 아니라, 또한 하나님을 대항하는 오류와 적개심으로 가득합니다. 그리고 의지와 정서는 하나님의 모든 가르침에 대해 완고하게 불순종하며 단지 악한 것에만 기울어집니다.

만물보다 거짓되고 심히 부패한 것이 마음입니다. 그렇습니다. 마음은 이해되지 않을 정도로 사악합니다. 그래서 아무도 그것을 알 수 없습니다. 창세기 6장 5절은 이렇게 말합니다. "그의 마음으로 생각하는 모든 계획이 항상 악할 뿐임을 보시고."

이 점에서 그리고 다른 모든 점에서 우리는 주님의 증언을 믿어야 합니다. 경험 또한 우리에게 다음과 같이 가르칩니다. 하나님이 우리로 자신을 부인하게 하시기까지 우리는 결코 그 무엇을 통해서도 하나님을 찾지 않습니다. 오히려 육적인 이기심만이 우리를 다스리고 있어서 우리 행위의 모든 바퀴를 굴립니다.

2. 사악한 마음과 그 행위에 따르는 심판

주님은 우리의 원죄 또는 사악한 경향을 그 모든 실제적인 열매와 함께 자신의 심판좌 앞에서 평가하시기 위해 소환하십니다. 하나님은 마음을 감찰하시고 통제하시어 각 사람에게 그 자신의 삶의 방식에 따라 그리고 그 자신의 행위의 열매에 따라 판결하십니다.

3. 나 자신의 부패함을 확신함

그러므로 각 사람은 다음과 같이 생각해야 합니다.

1) 나는 하나님과 나의 죄책감이 증언하는 내용이 참되다고 확신한다.

2) 그런데 하나님과 나의 죄책감은 이렇게 증언한다. "내 마음은 만물보다 거짓되고 심히 부패하다. 그리고 내 마음에 생각하는 모든 것은 본질적으로 계속해서 악할 뿐이다."

3) 그러므로 나는 이 증언이 참되다고 확신한다.

결과적으로 사람은 **완전한 순종을 요구하는** 율법을 통해 자신의 죄를 확실하게 깨닫게 됩니다.

6

율법의 행위로는 얻지 못하는 의

"무릇 율법 행위에 속한 자들은 저주 아래에 있나니 기록된 바 누구든지 율법 책에 기록된 대로 모든 일을 항상 행하지 아니하는 자는 저주 아래에 있는 자라 하였음이라"(갈 3:10).

여기에서 사도 바울은 세 가지를 우리에게 가르칩니다.

1. 율법의 행위로는 의롭다 함을 받지 못함

우리의 본성적인 사악함 때문에 누구든 율법의 행위로는 의롭다 함을 받는 것이 절대 불가능합니다. 율법의 행위로 의롭다 함을 받고자 하는 사람은 누구 하나 예외 없이 율법을 깨뜨린 것 때문에 하나님의 저주를 받기에 합당할 뿐입니다. 무릇 율법 행위에 속한 자는 저주 아래에 있습니다.

2. 율법 전체를 항상 지켜야 함

율법은 완전히 지켜져야 합니다. 계명 중 하나 또는 둘 또는 일부만을 지키거나 설사 계명 전체를 지킨다 하더라도 일정 기간만 지키는 것은 충분하지 않습니다. 왜냐하면 율법은 율법 책에 기록된 대로 사람이 '모든' 일을 '항상' 행하기를 요구하기 때문입니다.

3. 본성적으로 저주 아래 있는 인간

아무도 이런 완전함에 도달하지 못하기 때문에 모든 사람은 본성적으로 저주 아래 있습니다. 왜냐하면 율법은 이렇게 말하기 때문입니다. "누구든지 율법 책에 기록된 대로 모든 일을 항상 행하지 아니하는 자는 저주 아래에 있는 자라."

저주 아래 있다는 것은 하나님의 모든 불쾌하심, 하나님의 진노가 인간의 영혼과 육체에 이생과 죽음 이후 영원토록 가

중되어 분출될 위험을 포함합니다. 만일 은혜가 진노의 완전한 실행을 막지 않는다면 그렇게 될 것입니다.

4. 율법의 행위로 의를 얻을 수 없음이 확실함

그러므로 각 사람은 다음과 같이 생각해야 합니다.

1) 헤아릴 수 없이 율법을 깨뜨려 하나님의 저주를 받기에 합당한 자는 누구든 행위 언약을 따라서 율법의 행위에 의해 의롭다 함을 받을 수 없으며 의를 찾을 수도 없다.

2) 그런데 모든 사람이 말하는 대로 나는 헤아릴 수 없이 율법을 깨뜨렸으며 행위 언약에 따라 하나님의 저주를 받는 것이 마땅하다.

3) 그러므로 나는 율법의 행위로 의롭다 함을 받거나 의로워질 수 없다.

결과적으로 사람은 그 자신의 행위나 율법에 의해 자신의 의로움을 확신할 수 없습니다.

#　7

율법에 의한 심판

"환난을 받는 너희에게는 우리와 함께 안식으로 갚으시는 것이 하나님의 공의시니 주 예수께서 자기의 능력의 천사들과 함께 하늘로부터 불꽃 가운데에 나타나실 때에 하나님을 모르는 자들과 우리 주 예수의 복음에 복종하지 않는 자들에게 형벌을 내리시리니 이런 자들은 주의 얼굴과 그의 힘의 영광을 떠나 영원한 멸망의 형벌을 받으리로다 그 날에 그가 강림하사 그의 성도들에게서 영광을 받으시고 모든 믿는 자들에게서 놀랍게 여김을 얻으시리니 이는 (우리의 증거가 너희에게 믿어졌음이라)"(살후 1:7-10).

여기에서 우리는 다음과 같이 배웁니다.

1. 마지막 심판

우리 주 예수님이 이제 그분을 믿는 자를 위한 중보자로 자신을 주시고, 마지막 날 타오르는 불로 무장하셔서 다음과 같은 모든 자를 심판하시고 정죄하시고 파멸하시기 위해 오십니다. 즉 정죄와 파멸을 당할 대상은 하나님을 믿지 않으며, 복음 안에서 주어지는 은혜를 받아들이지 않고, 복음의 교리에 순종하지도 않으며, 율법 아래 또는 행위 언약 아래 자신의 본성적인 상태로 남아 있는 모든 자입니다.

2. 의로운 심판의 확실성

그러므로 각 사람은 다음과 같이 생각해야 합니다.

1) 의로우신 심판자께서 내게 경고하신 내용이 마지막 날 이루어질 것이다. 나는 그것이 의로운 심판이라고 확신한다.

2) 그런데 의로우신 심판자께서 내게 경고하셨다. 장차 내가 하나님을 믿지 않고 복음의 교리에 순종하지 않으면 나는 마지막 날 그분의 임재와 그분의 영광에서 차단되고 영원토록 영혼과 육신에 고통을 받을 것이다.

3) 그러므로 나는 이것이 의로운 심판임을 확신한다. 그리고 나는 다가올 진노로부터 달아나도록 내게 경고하신 하나님께 마음으로부터 감사할 이유가 있다.

결과적으로 각 사람은 **완전한 순종을 요구하는** 율법을 통해 또는 행위 언약에 의해 심판을 확신할 수 있습니다. 만일 그가 행위 언약 아래 지속적으로 머문다면, 다시 말해 우리 주 예수님의 복음을 믿지 않는다면 그렇게 될 것입니다.

8

복음에 의해
죄, 의, 심판을 깨달음

복음에 의해 또는 은혜 언약에 의해 사람이 죄, 의 그리고 심판을 깨달으려면 다음 세 가지를 이해해야 합니다.

1. 예수님을 믿지 않는 죄의 엄중함

그리스도를 믿지 않는 죄, 그분 안에서 주어진 은혜 언약을 거부하는 죄는 율법에 반한 다른 모든 죄보다 더 크고 위험합니다. 그리스도를 믿지 않으면서 복음을 듣는 자는 죄와 진노를 피할 유일한 길인 그리스도 안에 있는 하나님의 자비를 거절하고 하나님과의 화해에 이르지 않기 때문입니다(막 16:16).

2. 오직 믿음으로 얻는 의

우리는 죄에 대한 완전한 용서와 참된 의는 오직 예수님을 믿어서만 얻을 수 있음을 이해해야 합니다. 왜냐하면 하나님은 다른 어떤 조건이 아니라 믿음을 요구하시기 때문입니다. 그리고 이 조건하에서 죄인을 의롭다 하기를 기뻐하신다는 것을 하늘로부터 증언하십니다(롬 3:30).

3. 믿음에 따르는 심사와 불신에 따르는 심판

당신은 다음 사실을 이해해야 합니다. 먼저는 믿음으로 얻는 의에 따르는 심사(審査)가 있을 것입니다. 이는 신자 안에서 마귀의 일을 멸하고 권능으로 신자 안에서 성화의 일을 완성하기 위한 심사입니다(빌 1:6).

다음으로는 예수 그리스도를 믿음으로 얻는 의를 거절한 데 따르는 심판이 있을 것입니다. 이는 불신자에게 유죄 판결을 내리고 사탄과 그의 종을 영원히 불신자와 함께 멸망시키기 위한 심판입니다(살전 1:8-9).

4. 복음이 어떻게 주어지는지 말하는 성경 구절들

우리의 이해를 위해, 그리스도를 믿지 않는 죄가 얼마나 큰지 알도록 또는 그리스도 안에서 우리에게 주어진 은혜 언약을 거부하는 죄가 얼마나 큰지 알도록 다음의 성경 구절들이 증언합니다. 이 구절들은 또한 은혜가 정당하게 주어졌다고 밝힙니다.

"너희는 귀를 기울이고 내게로 나아와 들으라 그리하면 너희의 영혼이 살리라 내가 너희를 위하여 영원한 언약을 맺으리니 곧 다윗에게 허락한 확실한 은혜이니라"(사 55:3). 이는 다음과 같은 의미입니다. '만일 네가 나를 믿고 나와 화해한다면 나는 언약에 의해 네게 그리스도를 주고 그리스도 안에 있는 모든 구원하는 은혜들을 줄 것이다.'

사도행전 13장 34절에 이 점이 반복되고 있습니다. "또 하나님께서 죽은 자 가운데서 그를 일으키사 다시 썩음을 당하지 않게 하실 것을 가르쳐 이르시되 내가 다윗의 거룩하고 미쁜 은사를 너희에게 주리라 하셨으며."

실질적으로, 인류에게 보편적으로 주어지는 복음은 각 사람에게 특별히 개별적으로 주어지는 복음과 동등하다는 사실을 숙고하십시오. 사도 바울이 사도행전 16장 31절에서 한

말처럼 말입니다. "이르되 주 예수를 믿으라 그리하면 너와 네 집이 구원을 받으리라 하고."

이렇게 복음이 주어지는 이유를 요한복음 3장 16절에서 볼 수 있습니다. "하나님이 세상을 이처럼 사랑하사 독생자를 주셨으니 이는 그를 믿는 자마다 멸망하지 않고 영생을 얻게 하려 하심이라."

그러므로 주 예수 안에서 주어진 이 위대한 구원을 바라보면서도 그분을 믿지 않고 다른 방법으로 행복을 찾는 사람이 무슨 일을 할 수 있을까요? 거짓된 허영심을 따르고 그리스도 안에서 소유할 수 있는 그분의 자비를 내버리는 것 외에(욘 2:8-9) 무엇을 더 할 수 있을까요? 그의 마음으로 하나님을 모독하는 것 외에 무슨 일을 할 수 있을까요?

요한일서 5장 10-11절은 이렇게 말합니다. "하나님을 믿지 아니하는 자는 하나님을 거짓말하는 자로 만드나니 이는 하나님께서 그 아들에 대하여 증언하신 증거를 믿지 아니하였음이라 또 증거는 이것이니 하나님이 우리에게 영생을 주신 것과 이 생명이 그의 아들 안에 있는 그것이니라."

그리고 그리스도께서 증언하시는 대로 율법에 대항하는 어떤 죄보다도 그리스도를 믿지 않는 죄가 훨씬 더 큽니다. "내가 와서 그들에게 말하지 아니하였더라면 죄가 없었으려니와 지금은 그 죄를 핑계할 수 없느니라"(요 15:22). 사도 요한의 말은 그리스도를 믿지 않는 죄가 얼마나 심각한지 우리를 깨우쳐 줍니다.

9

오직 그리스도를 믿음으로 얻는 의

"하나님의 의를 모르고 자기 의를 세우려고 힘써 하나님의 의에 복종하지 아니하였느니라 그리스도는 모든 믿는 자에게 의를 이루기 위하여 율법의 마침이 되시니라"(롬 10:3-4).

여기에서 유대인은 하나님의 의를 모르고 자기 의를 세우려고 힘쓰며 하나님의 의에 복종하지 않았다고 했습니다. 그러나 그리스도께서는 모든 믿는 자에게 의를 이루기 위하여 율법의 마침이 되십니다. 사도행전 13장 39절은 말합니다. "또 모세의 율법으로 너희가 의롭다 하심을 얻지 못하던 모든 일에도 이 사람을 힘입어 믿는 자마다 의롭다 하심을 얻는 이

것이라." 요한일서 1장 7절은 이렇게 말합니다. "그가 빛 가운데 계신 것 같이 우리도 빛 가운데 행하면 우리가 서로 사귐이 있고 그 아들 예수의 피가 우리를 모든 죄에서 깨끗하게 하실 것이요."

1. 신자의 성화와 불신자의 파멸

그리스도의 의를 입은 자로서 의에 따르는 심판, 즉 마귀의 멸망과 신자의 성화를 위한 하나님의 판결을 깨닫기 원한다면 다음 구절들을 숙고하십시오. "하나님의 아들이 나타나신 것은 마귀의 일을 멸하려 하심이라"(요일 3:8). "하물며 영원하신 성령으로 말미암아 흠 없는 자기를 하나님께 드린 그리스도의 피가 어찌 너희 양심을 죽은 행실에서 깨끗하게 하고 살아 계신 하나님을 섬기게 하지 못하겠느냐"(히 9:14).

그러나 그리스도의 의를 입지 못한 사람에게는 이렇게 파멸이 선언됩니다. "그를 믿는 자는 심판을 받지 아니하는 것이요 믿지 아니하는 자는 하나님의 독생자의 이름을 믿지 아니하므로 벌써 심판을 받은 것이니라 그 정죄는 이것이니 곧 빛이 세상에 왔으되 사람들이 자기 행위가 악하므로 빛보다 어둠을 더 사랑한 것이니라"(요 3:18-19).

2. 죄, 의, 심판에 관해 충분히 가르치는 성경

그러므로 회개하는 자는 믿기를 갈망하면서 다음과 같이 생각해야 합니다.

1) 그리스도를 믿지 않는 죄 또는 율법에 저항하여 범한 죄 그리고 그에 따르는 진노에서 구원받기 위해 그리스도께로 피하기를 거부하는 죄가 세상에 가득하다는 사실을 어떻게 하면 모든 택자에게 충분히 깨우칠 수 있을까? 예수 그리스도를 믿음으로써 또는 그리스도 안에서 은혜 언약을 따름으로써 의와 영생을 얻는다는 점을 택자에게 어떻게 충분히 깨우칠 수 있을까? 사람 안에서 마귀의 일을 멸하고 그리스도를 믿는 모든 사람을 성화시키고 구원하기 위해 그리스도에 의해 집행되는 심판을 택자에게 또한 나 자신에게도 충분히 깨우치려면 어떻게 해야 할까?

2) 그런데 성령님은 이런 점들 혹은 다른 점들에 관해 성경을 통해 말씀하셨다. 바로 위에서 언급한 죄, 의 그리고 심판을 '택자에게 깨우치기에' 성경으로 충분하다.

3) 그러므로 성령님이 이런 점들 혹은 다른 점들에 관해 성경을 통해 하신 말씀은 위에서 언급한 죄, 의 그리고 심판을 '내게 깨우치는 데도' 충분하다.

3. 믿음을 갈망하며 드리는 기도의 본보기

따라서 회개하는 자들은 믿음을 갈망하면서 하나님의 말씀을 취하여 주님께 전심으로 기도해야 합니다. "너희는 내 얼굴을 찾으라 하실 때에 내가 마음으로 주께 말하되 여호와여 내가 주의 얼굴을 찾으리이다 하였나이다"(시 27:8).

나는 그리스도 안에 있는 구원의 모든 자비를 위해 영원한 언약이 주어짐을 귀기울여 들었습니다. 그리고 나는 실로 하나님이 주신 은혜 언약을 전심으로 받아들입니다. 주님, 제가 그 언약 안에 있음을 알게 하소서. "내가 믿나이다 나의 믿음 없는 것을 도와 주소서"(막 9:24).

보십시오. 저는 영원토록 모든 것 가운데 주님을 섬기기 위해 저 자신을 주님께 드립니다. 그리고 저는 "주의 오른손이 나를 구원하시기를"(시 138:7) 소망합니다. "여호와께서 나를 위하여 보상해 주시리이다 여호와여 주의 인자하심이 영원하오니 주의 손으로 지으신 것을 버리지 마옵소서"(시 138:8).[1]

이런 사람은 그리스도 안에서 참된 신자가 될 수 있습니다.

10

은혜 언약을 받은 사람에게 나타나는 믿음의 강화

참된 신자 중 많은 분이 연약합니다. 그래서 믿음을 고백하는 이들 대다수가 스스로를 기만할 때, 참된 신자는 자신의 믿음과 유효한 부르심의 견고함을 자신이 확신하고 있는지 또는 자신의 칭의와 구원을 확신하고 있는지 많은 의심을 하게 됩니다.

그러므로 이번 장에서는 어떻게 각 신자가 믿음 안에서 견고해지고, 그가 믿음에 대한 분명한 보증과 참된 증거에 따르는 굳건한 토대 위에서 택함 받았으며 구원받았음을 확신하게 되는지 살펴보겠습니다. 이를 위해 많은 성경 구절 가운데 다음 두 가지를 주목하려 합니다.

1. 부르심과 택하심을 굳게 하라

"그러므로 형제들아 더욱 힘써 너희 부르심과 택하심을 굳게 하라 너희가 이것을 행한즉 언제든지 실족하지 아니하리라"(벧후 1:10).

이 구절에서 사도 베드로는 신자가 믿음 안에서 어떻게 견고해지는지 돕고 지도하기 위해 다음의 네 가지 사항을 가르칩니다.

1) 죄와 진노로부터 구출되기 위해 그리스도를 믿으며 그리스도께로 피한 사람은 그런 점에서 '형제'입니다. 비록 베드로의 편지를 받는 자들이 믿음 안에서 연약하다 할지라도 그들은 실로 베드로와 함께 동일한 성부 하나님의 자녀입니다. 그래서 베드로는 그들을 '형제'라고 부르면서 그렇게 간주합니다.

2) 비록 얼마간 자신의 유효한 부르심과 택하심을 확신하지 못하더라도 베드로가 "힘써 너희 부르심과 택하심을 굳게 하라"고 말한 대로 노력한다면, 우리는 부르심과 택하심 모두를 확신하게 될 것입니다.

3) 많은 외식적인 신자가 썩은 가지를 드러내고 변절하는 것을 볼 때 우리는 낙담하지 않아야 합니다. 오히려 우리 자신을 더 잘 돌보아야 합니다. 베드로는 이렇게 말합니다. "그러므로 형제들아 더욱 힘써."

4) 우리의 유효한 부르심과 택하심을 확실하게 하는 길은 믿음에서 비롯된 행위의 토대를 견고히 하고, 지속적으로 새롭게 순종하며 믿음의 열매를 맺음으로써 우리 믿음에서 나오는 행위를 확실하게 하는 것입니다.

베드로는 이렇게 말합니다. "너희가 이것을 행한즉 언제든지 실족하지 아니하리라." 여기에서 말하는 '이것'이 무엇인지 다음 구절에서 발견됩니다. 베드로는 견고한 믿음에 관해 베드로후서 1장 1-4절에서 그리고 믿음의 열매를 맺는 것에 관해서는 5-9절에서 말하고 있습니다.

2. 그리스도 안에 거하라

"그러므로 이제 그리스도 예수 안에 있는 자에게는 결코 정죄함이 없나니 이는 그리스도 예수 안에 있는 생명의 성령의 법이 죄와 사망의 법에서 너를 해방하였음이라 율법이 육신으로 말미암아 연약하여 할 수 없는 그것을 하나님은 하시나니 곧 죄로 말미암아 자기 아들을 죄 있는 육신의 모양으로 보내어 육신에 죄를 정하사 육신을 따르지 않고 그 영을 따라 행하는 우리에게 율법의 요구가 이루어지게 하려 하심이니라"(롬 8:1-4).

여기에서 바울은 믿음의 토대를 견고히 하기 위해 우리에게 다음 네 가지를 가르칩니다.

1) 다음과 같은 사람은 참된 신자입니다. 자신의 죄를 깨닫는 가운데 하나님의 진노를 두려워하고, 죄와 진노로부터 완전한 구출을 받기 위해 유일한 중보자요 온전히 충분한 구속자이신 예수 그리스도께로 피하는 사람입니다. 그리고 그리스도께로 피하면서 자기 육신의 정욕 또는 본성의 부패한 경향과 격렬하게 싸우고, 하나님의 말씀에 규정된 하나님의 영의 법칙에 따르기 위해 배우는 사람입니다. 바울이 여기에서 참된 신자로 지지하는 사람은 예수 그리스도 안에 있는 사람인데 그는 "육신을 따르지 않고 그 영을 따라 행하는" 사람입니다.

2) 그리스도께로 피하여 죄와 격렬하게 싸우는 사람은 진노를 인식하며 그리고 정죄의 두려움을 느끼며 그렇게 싸울 수도 있지만, 그들이 결코 진노와 정죄에 빠질 위험한 상태에 처한 것은 아닙니다. 왜냐하면 바울은 이렇게 말하기 때문입니다. "육신을 따르지 않고 그 영을 따라 행하는 그리스도 예수 안에 있는 자에게는 결코 정죄함이 없다."

3) 사도 바울 자신과 그리스도 안에 있는 다른 모든 참된 신자는 본성상 죄와 사망의 법 아래에 또는 행위 언약[1] 아래에 있지만, 그리스도 예수 안에 있는 생명의 성령의 법 또는 은혜 언약[2]이 행위 언약 또는 죄와 사망의 법으로부터 사도 바울과 모든 참된 신자를 진실로 자유롭게 합니다. 그러므로 모든 사람은 바울과 함께 이렇게 말할 수 있습니다. "생명의 성령의 법 또는 은혜 언약이 죄와 사망의 법에서 또는 행위 언약에서 나를 해방했다."

4) 율법의 저주로부터 우리를 자유롭게 하는 근원 또는 첫 토대는, 하나님과 성육하신 성자 사이에 이루어진 구속 언약[3]입니다. 이 언약 안에서 그리스도께서는 우리의

죄 때문에 자신에게 주어진 율법의 저주를 취하시고 행위 언약으로부터 달리 벗어날 수 없는 신자를 구출하십니다. 바울은 이 교리를 다음과 같은 네 부분으로 제안합니다.

❶ 율법이나 행위 언약으로는 죄인에게 의와 생명을 가져오지 못합니다. 율법은 연약하기 때문입니다.

❷ 율법 또는 행위 언약의 이와 같은 연약함과 무능함은 율법의 결점이 아니라 죄악된 육신의 결점에 있습니다. 이 육신은 죄의 형벌을 담당할 수도 없고 (지나간 죄들이 용서되었다고 전제할 경우) 율법에 완전히 순종할 수도 없습니다.

❸ 율법을 통해서는 얻는 것이 불가능했던 죄인의 의와 구원이 하나님이 자신의 아들 예수 그리스도를 보내심으로써 일어납니다. 즉 택자를 대신해 배상이 이루어지도록 '그리스도의' 육신 안에서 죄가 정죄되고 처벌됨으로써 택자는 자유로워질 수 있습니다.

❹ 그러나 율법은 아무것도 잃지 않습니다. 율법의 의는 다음과 같은 방식으로 성취되기 때문입니다.

첫째, 모든 것 가운데 그리스도에 의한 완전한 능동적 순종이 우리를 대신해 우리의 이름에 주어짐으로써(그리스도의 율법에 대한 완전한 성취).

둘째, 우리 죄로 인한 형벌을 그리스도께서 우리를 대신해 자신의 죽음으로 담당하심으로써(우리의 불순종에 대한 그리스도의 대리 속죄).

셋째, 율법에 새롭게 순종하기 위해 분투하며 "육신을 따르지 않고 그 영을 따라 행하는" 참된 신자인 우리 안에서 성화를 이루기 위해 그리스도께서 일하심으로써(우리의 새로운 순종을 위한 그리스도의 능력 부여).

그리스도의 견고한 토대 위에 우리의 확신을 세우기 위해 이제 살펴볼
네 가지 보증과 특별한 동기는 그리스도를 믿는 일에 도움을 줍니다.

3부

믿음에 대한 보증과 동기

영생을 주시기 위해 우리를 부르시는 하나님

11

하나님의 애정 어린 초청

하나님의 애정 어린 초청은 다음과 같이 제시됩니다.

"오호라 너희 모든 목마른 자들아 물로 나아오라 돈 없는 자도 오라 너희는 와서 사 먹되 돈 없이, 값 없이 와서 포도주와 젖을 사라 너희가 어찌하여 양식이 아닌 것을 위하여 은을 달아 주며 배부르게 하지 못할 것을 위하여 수고하느냐 내게 듣고 들을지어다 그리하면 너희가 좋은 것을 먹을 것이며 너희 자신들이 기름진 것으로 즐거움을 얻으리라 너희는 귀를 기울이고 내게로 나아와 들으라 그리하면 너희의 영혼이 살리라 내가 너희를 위하여 영원한 언약을 맺으리니 곧 다윗에게 허락한 확실한 은혜이니라 보라 내가 그를 만민에게 증인으로 세웠고 만민의 인도자와 명령자로 삼았나니 보라 네가 알지 못하는 나라를 네가 부를 것이며 너를 알지 못하는 나라가 네게로 달려올 것은 여호와 네 하나님 곧 이스라엘의 거룩하신 이로 말미암음이니라 이는 그가 너를 영화롭게 하였느니라"(사 55:1-5).

주님은 앞선 두 장(이사야 53-54장)에서 그리스도의 고난에 의해 주어지는 우리의 구속을 위한 값진 속량과, 이로써 얻어진 풍성한 복을 규정하신 후, 55장에서 다음의 사실들을 제시하십니다.

1. 의와 구원의 선언

하나님은 은혜로 값없이 주어지는 의와 구원을 선언하심으로써 그리스도와 그분의 은혜를 공개적으로 제공하십니다. 죄와 진노로부터 구원받기를 진정으로 갈망하는 모든 영혼은 예외 없이 그리스도를 통해 의와 구원을 얻을 것입니다. 주님은 이렇게 말씀하십니다. "오호라 너희 모든 목마른 자들아."

2. 죄인을 부르심

주님은 하나님으로부터 멀리 떨어진 모든 죄인을 초대하십니다. 와서 주님으로부터 은혜의 풍성함을 취하고 강 같은 그리스도께로 뛰어들어 죄를 씻고 하나님의 진노를 가라앉히도록 말입니다. 주님은 이렇게 말씀하십니다. "물로 나아오라."

3. 무능함을 깨달은 사람을 부르심

어떤 사람이 자신의 사악함이나 무가치함 그리고 어떤 선을 행하기에 무능력함을 인지하고는 뒤로 물러나지 않도록 주님은 그들을 특별히 불러내십니다. "돈 없는 자도 오라."

4. 은혜의 제공

하나님의 부르심을 받아들인 사람은 자신의 소유를 더 이상 갈망하지 않고 오히려 주어진 것으로 만족하는데 그것은 은혜이자 더 큰 은혜입니다. 그 사람은 주어진 이 은혜를 전심으로 받아들이고 품습니다. 그리하여 그 사람은 하나의 협약이자 공적인 언약을 하나님과 맺습니다.

주님은 말씀하십니다. "와서 사 먹되 돈 없이." 이 말씀은 구원하는 모든 은혜를 받아들여 자신에게 취하라는 뜻입니다. 주어진 은혜를 자신의 것으로 만들어 소유하고 그리스도 안에서 모든 복을 누리라는 말입니다. 자신의 영적인 생명과 위로를 위해 도움이 되는 것은 무엇이든지 값없이, 어떤 대가도 지불하지 않고 사용하고 누리라는 말입니다. 주님은 말씀하십니다. "돈 없이, 값 없이 와서 포도주와 젖을 사라."

5. 생명을 구하는 잘못된 방법에 대한 권고

주님은 우리가 자신의 노력으로, 자신의 의무를 다하는 것으로, 의와 생명을 구하기 원하는 마음을 아십니다. 마치 행위로 의와 생명을 얻을 수 있다는 듯이 말입니다. 그리고 주님은 우리가 예수 그리스도를 받아들여 그분을 통해 주어지는 값없는 은혜로 생명을 얻는 것을 얼마나 싫어하는지도 아십니다.

그러므로 주님은 우리를 불러 우리의 이 왜곡되고 불행한 방법을 벗어던지도록 부드럽고 시의적절한 권고를 주십니다. 우리가 취하는 그런 방식으로 행하는 노력은 무용지물이 될 것입니다. 주님은 말씀하십니다. "너희가 어찌하여 양식이 아닌 것을 위하여 은을 달아 주며 배부르게 하지 못할 것을 위하여 수고하느냐."

6. 그리스도의 은혜로부터 누리는 만족

주님은 우리가 그리스도의 은혜로 나아가는 길에서 견고한 만족을, 실로 참된 만족과 충만한 영적 즐거움을 누릴 것을 약속하십니다. 주님은 이렇게 말씀하십니다. "내게 듣고 들을 지어다 그리하면 너희가 좋은 것을 먹을 것이며 너희 자신들이 기름진 것으로 즐거움을 얻으리라."

7. 복음을 받아들이는 사람과 맺는 은혜 언약

믿음은 들음에서 납니다. 그래서 주님은 은혜를 주겠다고 말씀하시며 청중을 부르시고 진리를 듣고 믿게 하십니다. 그러한 부르심은 우리 영혼에 구원하는 믿음을 적용하고 하나님을 신뢰하도록 우리를 이끌 수 있습니다. 주님은 말씀하십니다. "너희는 귀를 기울이고 내게로 나아와 들으라."

그러한 부르심을 듣게 하시고자, 주님은 주어진 복음을 받아들인다면 죽은 죄인을 일으키실 거라고 약속하십니다. 그리고 주어진 복음을 기꺼이 받아들인다면 주님은 그 사람과 은혜 언약을 맺으리라고 약속하십니다. 이 언약은 영속적인 화해와 평화에 대한 확고한 언약입니다. "들으라 그리하면 너희의 영혼이 살리라 내가 너희를 위하여 영원한 언약을 맺으리니."

주님이 선언하시는 이 언약은 본질적으로 다윗(예수 그리스도를 가리킵니다. 행 13:34 참조)이 구속 언약 안에서 우리를 대신해 값 주고 사신 모든 구원하는 은혜를 우리에게 할당하고 양도할 것입니다. 주님은 이렇게 말씀하십니다. "내가 너희를 위하여 영원한 언약을 맺으리니 곧 다윗에게 허락한 확실한 은혜이니라."

여기서 '확실한 은혜'는 구원하는 은혜를 의미하는데, 곧 성령 안에 있는 의, 화평 그리고 기쁨이며, 양자 삼으심, 성화, 영화 그리고 경건과 영생에 속하는 모든 것입니다.

8. 사중적 선물이신 그리스도

이런 구원하는 은혜가 실제로 주어지는 것을 우리에게 확신시키기 위해 그리고 하나님과 신자 사이에 체결된 언약이 실재하는 것을 우리에게 납득시키기 위해 성부 하나님은 그분의 영원한 독생자를 사중적인 선물(성육신, 증인, 인도자, 통치자)로 우리에게 주셨습니다.

1) 우리를 대신해, 그리스도의 모형인 다윗의 씨로부터 그리스도께서 성육신하고 나셨습니다. 그러므로 그리스도께서는 이 본문(사 55:3)과 사도행전 13장 34절에서 이스라엘의 참되고 영원한 왕, 다윗이라고 불리십니다. 이는 실로 하나님이 사람에게 주신 엄청난 선물입니다(요 4:10).

2) 성부께서는 그리스도를 선물로 주셔서, 그분이 구속 언약 안에서 구속된 자에게 주어지는 구원의 확실한 은혜의 증인이 되며, 또한 그 은혜를 우리에게 적용하기 위한 성부의 의지와 목적의 증인이 되게 하시고, 화해 언약[1] 안에서 우리가 주어진 복음을 신속하게 받아들이도록 하셨습니다. 주님은 말씀하십니다. "내가 그를 만민에게 증인으로 세웠고." 그리고 실로 그리스도께서는 이와 관련해 여러 측면에서 볼 때 충분한 증인이십니다.

❶ 그리스도께서는 복된 삼위일체의 한 위격이시고, 세상이 있기 전에 구속 언약 안에서 우리를 위해 언약을 체결하신 당사자이십니다.

❷ 그리스도께서는 직무상 중보자로서 구속 언약의 전달자이시며 그 언약을 계시하기 위한 책임자이십니다.

❸ 그리스도께서는 실제적으로 낙원에서 구속 언약을 계시하기 시작하셨습니다. 여인의 후손이 뱀의 머리를 깨뜨릴 것이라는 말씀(창 3:15)을 통해 그리스도를 약속하셨습니다.

❹ 그리스도께서는 자신이 오시기 이전에 희생 제사 및 의식이란 모형과 형상 가운데 자신의 죽으심과 고난 그리고 그로부터 마땅히 우리에게 주어지는 엄청난 은택들을 제시하셨습니다.

❺ 그리스도께서는 구속 언약에 관해 점점 더 많은 빛을 비추셨습니다. 세대를 거치면서 거룩한 선지자들을 통해 그분의 성령에 의해 말씀하심으로써 말입니다.

❻ 그리스도께서는 때가 차매 오셨고 구속 언약에 속하는 모든 것을 증거하셨으며, 신자를 그 언약 속으로 받아들이시려는 하나님의 자원하는 마음을 증거하셨습니다. 부분적으로는 한 인격 안에 인간의 본성과 신의 본성을 연합하심으로, 부분적으로는 자신의 입으로 그 언약의 복된 소식을 전파하심으로, 부분적으로는 이 언약 안에서 구속된 무리 속으로 사람들을 끌어들이고 지키시

기 위해 태초부터 지금까지 사람들을 통솔하심으로 말입니다.

3) 하나님은 그리스도를 선물로 주셔서 우리의 인도자가 되게 하셨습니다. 구속 언약에 의해 우리를 모든 어려움과 고통, 유혹을 통과하여 생명으로 데려오시기 위해 말입니다. 그리고 다른 누가 아닌 그리스도께서 실로 자기 백성을 구속 언약으로 인도하시고 이 언약 안에서 처음부터 끝까지 구원으로 인도하십니다. 이러한 그리스도의 인도하심은 다음 방식으로 이루어집니다.
❶ 자신의 말씀과 성령님의 지도에 의해
❷ 믿음과 순종 그리고 심지어 십자가 죽음 안에서 그분의 삶이 드러낸 본보기에 의해
❸ 구속받은 자들을 자신의 팔에 품으시고 그들이 광야를 지나는 동안 그리스도를 의지하도록 그들을 인도하시는 강력한 일하심에 의해

4) 하나님은 그리스도를 통치자로서 자기 백성에게 선물로 주셨습니다. 그리스도께서는 이 직무를 다음과 같은 방식으로 충성스럽게 수행하십니다.

❶ 자신의 교회와 백성에게 율법과 법령, 목사와 다스리는 자 그리고 모든 필요한 직분자를 주심으로.

❷ 자신의 율법이 준수되는지 보시기 위해 그들 가운데 치리와 회의체를 유지하심으로.

❸ 자신의 말씀과 성령님 그리고 권징에 의해 자기 백성의 부패를 억제하심으로.

❹ 자신의 지혜와 권능에 의해 자기 백성을 그들의 모든 원수로부터 보호하심으로.

9. 믿음을 굳세게 하기

그러므로 하나님과 은혜 언약을 맺은 사람은 다음과 같은 방식을 따라 생각함으로써 자신의 믿음을 굳세게 할 수 있습니다.

1) 의와 구원에 목마르며, 죄인에게 주어진 값없는 은혜를 전심으로 받는 사람은 누구든지 그리스도의 모든 확실한 구원의 은혜를 가지며 영원한 언약에 의해 참 다윗이신 그리스도께 속한다.

2) 그런데 나는 연약한 신자처럼 이렇게 말할 수 있다. "나는 의와 구원에 목마르며 죄인에게 주어진 값없는 은혜를 전심으로 받아들인다."

3) 그러므로 나는 그리스도의 모든 확실한 구원의 은혜를 가지고 영원한 언약에 의해 예수 그리스도께 속한다.

12

화해로 부르시는 하나님의 진지한 요청

"곧 하나님께서 그리스도 안에 계시사 세상을 자기와 화목하게 하시며 그들의 죄를 그들에게 돌리지 아니하시고 화목하게 하는 말씀을 우리에게 부탁하셨느니라 그러므로 우리가 그리스도를 대신하여 사신이 되어 하나님이 우리를 통하여 너희를 권면하시는 것 같이 그리스도를 대신하여 간청하노니 너희는 하나님과 화목하라 하나님이 죄를 알지도 못하신 이를 우리를 대신하여 죄로 삼으신 것은 우리로 하여금 그 안에서 하나님의 의가 되게 하려 하심이라"(고후 5:19-21).

여기에서 바울은 우리에게 아홉 가지 교리를 가르칩니다.

1. 하나님과 적대 관계에 있는 인간

택자 또는 구속받은 영혼의 세계는 원래 하나님과 대적하는 영역에 속해 있었습니다. 이는 '화해'라는 단어에 전제되어 있습니다. 화해 또는 교제의 갱신은 적대 관계에 있는 당사자 사이에서만 가능하기 때문입니다.

2. 택자와의 화목을 도모하시는 하나님

아담이 타락한 이래로, 중보자이신 성자 하나님과 성부 하나님은 그리스도 안에서 항상 자신의 말씀과 성령 하나님을 통해 택자와 교제하기 원하셨습니다. "하나님께서 그리스도 안에 계시사 세상을 자기와 화목하게 하시며."

3. 그리스도 안에 있는 화해와 죄 사함

예나 지금이나 화해의 방법은 본질상 동일합니다. 다시 말해 죄를 깨닫고 하나님과 원수된 것을 인식하여 그리스도 안에 있는 화해와 죄 사함을 찾는 사람이 죄를 용서받음으로써 화해가 이루어집니다. "하나님께서 그리스도 안에 계시사 세상을 자기와 화목하게 하시며 그들의 죄를 그들에게 돌리지 아니하시고."

4. 삼중적 범위를 가진 하나님의 말씀

복음과 하나님의 전체 말씀의 목표와 범위는 삼중적입니다.

1) **죄의 위험성 제시**: 하나님의 말씀은, 사람이 그들의 죄와 하나님에 대한 적대감 그리고 만일 그들이 완강히 저항하고 하나님의 불쾌감을 두려워하지 않을 때 처할 위험에 민감하도록 합니다.

2) **그리스도를 통한 화목의 제시**: 하나님의 말씀은, 그리스도를 통해 교제하고자 하나님이 준비하신 경로에 사람이 친숙해지도록 돕습니다. 다시 말해서 만일 사람이 자신의 적대감을 인식하고 그리스도를 통한 하나님과의 교제의 언약 안에 들어가는 데 동의한다면, 하나님이 값없이 그들과 화해하는 데 동의하시리라는 뜻입니다.

3) **화목한 삶의 방법 제시**: 하나님의 말씀은, 사람이 하나님과 화목한 이후에 친구로서 어떻게 하나님께 나아가야 하는지 가르쳐 줍니다. 다시 말해서, 하나님의 말씀은 사람이 하나님께 대항하는 죄를 혐오하고 하나님의 계명에 전심으로 순종하기 위해 노력하도록 인도합니다.

그러므로 하나님의 말씀은 '화목하게 하는 말씀'이라고 불립니다. 하나님의 말씀은 화목을 위해 우리에게 무엇이 필요한지 가르치고, 어떻게 그 화목을 이루고, 그리스도를 통해서 이루어진 교제의 화목을 어떻게 유지하는지 가르쳐 주기 때문입니다.

5. 설교의 직무가 구별됨

비록 하나님의 말씀을 듣고 믿고 순종하는 모든 사람에게 복음이 실로 주어진다 할지라도, 권위를 가지고 복음을 설교하는 직무는 오직 하나님이 자신의 사역으로 부르시고 이 일을 위해 위임하여 보내시는 자에게만 속합니다. 사도 바울은 19절에서 이렇게 말합니다. "화목하게 하는 말씀을 우리에게 부탁하셨느니라."

6. 복음 사역자의 자세

복음 사역자는 그들 자신을 그리스도의 사자(使者)로서 인식하고 행동해야 합니다. 그리고 말씀에 제시된 그들의 책임을 면밀하게 따라가야 합니다(마 28:19-20). 그럴 때 그들은 하나님이 보내신 대사로서 사람들에게 받아들여집니다. 사도 바울은 이렇게 말합니다. "우리가 그리스도를 대신하여 사신이 되어 하나님이 우리를 통하여 너희를 권면하시는 것 같이."

7. 목회자의 책무

목회자는 엄숙한 마음으로 사람들이 그들의 죄 그리고 하나님께 대항하는 그들의 본성적인 적의를 점점 더 심각하게 인식하도록, 은혜 언약과 목회자가 받은 그리스도의 대사 직분에 점점 더 열렬하게 동의하도록, 그리고 하나님 앞에서 거룩한 행실로써 그들의 화목을 점점 더 분명하게 입증하도록 이끌어야 합니다. 바울은 이 점을 다음과 같이 말하며 제시합니다. "그리스도를 대신하여 간청하노니 너희는 하나님과 화목하라."

8. 하나님이 화목으로 부르심

목회자가 애정 어린 마음으로 사람을 돌볼 때 사람은 자신이 하나님과 그리스도와 어떤 관계를 가지고 있는지 숙고해야 하며, 목회자는 그들에게 하나님과 화목하기를 요청해야 합니다.

이제 죄인의 단단한 마음을 깨뜨리는 데, 하나님이 화목의 교제를 위해 죄인에게 당부하시는 것보다 더 큰 동력은 없습니다. 하나님께 그렇게 많은 잘못을 범한 우리가 하나님과의 교제를 구할 때 하나님은 우리 앞에 오십니다. 그리고 경이로움 가운데, 오! 이 얼마나 경이로운지, 그분은 하나님과 우리가 기꺼이 화목하기를 요구하십니다.

그러므로 가장 크고 두려운 진노는 이 요청을 얕본 사람, 목회자가 위임을 받아 다음과 같이 증거하는 말씀에 승복하지 않는 사람에게 머물러야 합니다. "우리가 그리스도를 대신하여 사신이 되어 하나님이 우리를 통하여 너희를 권면하시는 것 같이 그리스도를 대신하여 간청하노니 너희는 하나님과 화목하라."

9. 화해의 기초가 된 구속 언약

그리스도에게 피하는 겸손한 죄인과 하나님 사이의 화해 언약이 어떻게 그렇게 쉽게 체결되는지 알려 주기 위해 사도는 구속 언약 속에서 제시된 화목의 동기로 우리를 인도합니다. 요점은 다음과 같습니다.

구속받는 자의 보증자이시며 언약을 체결하신 당사자로서 하나님의 아들 중보자 예수 그리스도와 하나님 사이에 협의가 있었습니다. 이에 따라 구속받는 자의 죄는 무죄한 그리스도께 전가되어야 하고, 그리스도께서는 구속받는 자를 위해 정죄받고 죽음에 처해져야 합니다.

이 조건하에서 그리스도를 통해 주어진 화해 언약에 전심으로 응하는 사람은 누구든지 그리스도의 순종이 그들에게 전가됨에 따라 의롭다 함을 받고 하나님 앞에 의로운 자로 드러납니다.

사도 바울은 이렇게 말합니다. "하나님이 죄를 알지도 못하신 이를 우리를 대신하여 죄로 삼으신 것은 우리로 하여금 그 안에서 하나님의 의가 되게 하려 하심이라."

10. 믿음을 굳세게 하기

그러므로 이 토대로부터 다음과 같은 방식을 따라 연약한 신자는 자신의 믿음을 굳세게 할 수 있습니다.

1) 목회자의 입을 통해 주어진 하나님과 그리스도의 애정 어린 요청 위에서 그리스도를 통해 주어진 영속적인 화해를 받아들인 사람은, 하나님의 은혜에 의해 화목을 얻은 사람으로서 온 힘을 기울여 죄에 대항하여 싸우고 하나님을 섬기기로 결심한다. 그런 사람은 그리스도의 전가된 순종으로 인해 그에게 주어진 의와 영생을 확신할 수 있다. 구속받는 자의 죄가 그리스도께 전가된 것 때문에 그리스도께서 정죄받고 죽임을 당하신 것이 확실하듯이 말이다.

2) 그런데 연약한 신자처럼 나는 목회자의 입을 통해 주어진 하나님과 그리스도의 애정 어린 요청 위에서 그리스도를 통해 주어진 영속적인 화해를 받아들였다. 그리고 하나님의 은혜에 의해 화목을 얻은 사람으로서 온 힘을 다해 죄에 대항해 싸우고 하나님을 섬기기로 결심한다.

3) 그러므로 나는 그리스도의 순종이 내게 전가되었기 때문에 내게 주어진 의와 영생을 확신할 수 있다. 구속받는 자의 죄가 그리스도께 전가된 것 때문에 그리스도께서 정죄받고 죽임을 당하신 것이 확실하듯이 말이다.

13

모든 사람에게 믿으라고 하시는 하나님의 명령

그리스도를 믿게 하는 세 번째 보증과 특별한 동기는 하나님의 엄숙하고 장엄한 명령으로, 복음을 듣는 모든 사람이 그리스도께서 정하신 방식으로 그리스도께로 나아가 그리스도를 믿으라는 요청입니다.

"그의 계명은 이것이니 곧 그 아들 예수 그리스도의 이름을 믿고 그가 우리에게 주신 계명대로 서로 사랑할 것이니라"(요일 3:23).

여기에서 사도 요한은 다섯 가지 교리를 제시합니다.

1. 믿으라는 하나님의 명령

만일 어떤 사람이 하나님과 화목하도록 그에게 주어진 하나님의 달콤한 초대나 하나님의 겸허하고 애정 어린 요청을 받아들이지 않는다면, 그는 최고 통치자의 주권적 권세 앞에 직면한 자신을 발견할 것입니다. 왜냐하면 이는 그리스도를 믿으라는 '하나님의' 명령이기 때문입니다.

2. 불신에 대한 형벌

만일 어떤 사람이 이 믿으라는 계명을 이전에 율법의 계명을 소홀히 했던 것처럼 가볍게 여긴다면, 그는 이 계명이 모든 사람의 치유를 위해 율법 이후에 주어진 복음의 명령이라는 사실을 반드시 숙고해야 합니다.

이 계명에 불순종한다면 "저주를 받은 자들아 나를 떠나 마귀와 그 사자들을 위하여 예비된 영원한 불에 들어가라"(마 25:41)는 것 외에 따라야 할 다른 명령이 없습니다. 왜냐하면 이는 '하나님의' 계명이기 때문입니다. 이 계명에 순종하는 것은 하나님 보시기에 가장 즐거운 일입니다(요일 3:22). 그리고 "믿음이 없이는 하나님을 기쁘시게 하지 못합니다"(히 11:6).

3. 모든 사람을 향한 믿으라는 하나님의 명령

 복음을 듣는 모든 사람은 그리스도 안에서 생명력 있는 믿음 갖기를 양심의 의무로 삼아야 합니다. 연약한 신자는 이 명령을 행하기를 교만한 일로 여겨서는 안 됩니다. 낙심한 사람은 자신을 고쳐시켜서 구원으로 부르는 이 달콤한 명령에 순종하겠다고 생각해야 합니다. 강한 신자는 자신이 예수 그리스도를 소유할 필요를 더욱 깊이 생각해야 합니다. 그리고 생명력 있는 믿음을 보이라는 명령에 순종하며 더욱 자라가야 합니다.

 그렇습니다. 가장 완고하고 세속적이며 사악한 사람이라 할지라도, 그가 어떤 절망적인 상태에 있든지 이 의무를 향해 질서 있게 나아가려는 노력에서 스스로 물러서거나, 다른 이에 의해 밀려나서도 안 됩니다. 왜냐하면 모든 사람에게 그리스도를 믿으라고 명령하시는 분은 또한 그리스도가 없는 자는 정죄받고 잃어버린 바 될 것을 믿으라고 명령하시기 때문입니다.

 그러므로 하나님은 모든 사람이 그들의 죄 그리고 그리스도의 필요성을 인정하기를 명령하시고, 사실상 모든 사람이 회개하여 그리스도를 믿으라고 명령하십니다. 그리고 누구든지 지나간 죄들을 회개하기를 거부하는 사람은 복음을 들은 모든 사람에게, 특히 보이는 교회[11] 안에 있는 사람에게 주어진 이 명령에 불순종하는 죄를 범하는 것입니다. 사도 요한은 **지역 교회의 교인에게** 이렇게 말했습니다. "그의 계명은 이것이니 곧 그 아들 예수 그리스도의 이름을 믿고."

4. 믿는 자의 견고한 토대

믿으라는 계명에 순종하는 사람은 자신의 구원을 견고한 토대 위에 세웠습니다. 다음과 같은 점이 이 사실을 밝혀 줍니다.

1) 믿으라는 명령에 순종하는 사람은 선지자, 제사장 그리고 왕의 직무를 완전하게 수행하기 위한 모든 완벽함을 온전하게 갖추신 약속된 메시아를 발견했습니다. 우리가 믿는 그리스도는 바로 그런 분입니다.

2) 믿으라는 명령에 순종하는 사람은 구원자를 품었습니다. 그 구원자는 전폭적으로 구원하실 수 있으며, 실로 그분을 통해 하나님께 나아오는 모든 사람을 유효하게 구원

하십니다. 왜냐하면 그분은 예수, 즉 자기 백성을 그들의 죄에서 건지시는 참 구원자이시기 때문입니다.

3) 믿으라는 명령에 순종하는 사람은 자신의 구원을 반석 위에 세웠습니다. 그 반석은 하나님의 아들이시니, 성부와 동등하다 불림에 아무런 문제가 없으시며 구원하는 믿음과 영적 예배의 대상이 되심이 마땅합니다. 왜냐하면 사도 요한은 이렇게 말하기 때문입니다. "그 아들 예수 그리스도의 이름을 믿고."

5. 신자에게 주어진 율법에 대한 순종의 의무

예수 그리스도를 믿는 사람은 비록 율법의 저주로부터 자유롭게 되었으나 율법의 계명과 순종으로부터 자유로워진 것은 아니며, 오히려 그리스도로부터 주어진 새로운 의무와 새로운 명령에 의해 율법에 묶여 있습니다.

그리스도로부터 주어진 새 계명(요 13:34)은 율법에 순종하도록 돕습니다. 또한 성부는 그리스도로부터 주어진 명령에 자신의 권위와 명령을 더하십니다. 왜냐하면 사도 요한은 이렇게 말하기 때문입니다. "그(성부 하나님)의 계명은 이것이니 곧 그 아들 예수 그리스도의 이름을 믿고 그가 우리에게 주신 계명대로 서로 사랑할 것이니라."

이 계명의 첫 부분은 그리스도를 믿으라고 명하는데, 필연적으로 하나님 사랑과 십계명의 첫 번째 돌판에 대한 순종을 함축합니다. 왜냐하면 하나님을 믿는 것과 하나님을 사랑하는 것은 분리할 수 없기 때문입니다. 그리고 이 명령의 두 번째 부분은 우리의 이웃을(특별히 믿음의 가족을) 사랑하라고 명하는데, 곧 십계명의 두 번째 돌판에 대한 순종을 명합니다.

6. 믿음을 굳세게 하기

그러므로 연약한 신자는 이 토대로부터 다음의 방식을 따라 생각함으로써 자신의 믿음을 굳세게 할 수 있습니다.

1) 자신의 죄를 깨닫고 하나님의 진노를 두려워하며 하나님의 명령에 따라 죄와 비참함에 대한 유일한 구제책이신 예수 그리스도께 피하고 사랑의 율법에 순종하기 위해 자기 마음을 기울이는 사람은 누구든지, 거짓되거나 죽은 믿음이 아니라 참되며 구원하는 믿음을 가졌다.

2) 그런데 나는 연약한 신자처럼 나 자신의 죄를 깨닫고 하나님의 진노를 두려워하며 죄와 비참함의 유일한 구제책이신 예수 그리스도께로 피하고 사랑의 율법에 순종하기 위해 나 자신의 마음을 기울인다.

3) 그러므로 나의 믿음은 거짓되거나 죽은 믿음이 아니라 참되고 구원하는 믿음이다.

14

신자에게 주어진 영생의 확신

그리스도를 믿게 하는 네 번째 보증과 특별한 동기는 믿으라는 명령에 순종한 이에게 주어지는 영생에 대한 더 많은 보증입니다. 그리고 순종하지 않을 경우 주어지는 멸망에 대한 두려운 확증입니다.

"아버지께서 아들을 사랑하사 만물을 다 그의 손에 주셨으니 아들을 믿는 자에게는 영생이 있고 아들에게 순종하지 아니하는 자는 영생을 보지 못하고 도리어 하나님의 진노가 그 위에 머물러 있느니라"(요 3:35-36).

여기에서 다음과 같은 다섯 가지 교리가 제시됩니다.

1. 성자를 사랑하시는 성부

성부는, 구속자와 보증자가 되시어 신자의 속전을 지불하시고 그들을 거룩함과 구원 가운데 완전하게 하시는 성자의 사역에 충분히 만족하십니다. "아버지께서 아들을 사랑하사." 그 이유는 그 아들이 우리를 위해 중보자로 서시고 모든 점에서 우리의 구속을 완전하게 수행하시기 때문입니다.

성부는 그 아들을 사랑하십니다. 즉, 성부는 그 아들이 구속 사역을 감당하기로 자원하신 일을 진심으로 그 아들과 함께 기뻐하십니다. 성부의 마음은 성자를 기뻐하시며 그 안에서 안식하시고, 성자의 직분 안에서 그리스도를 사랑과 은혜와 선한 의지가 신자에게 흘러가는 통로이자 그릇으로 삼으십니다.

2. 구속 사역을 위해 필요한 모든 것을 성자께 주심

성자는 중보자의 자격을 가지고 하나님의 성육하신 분, 즉 말씀이 육신이 되신 분이십니다. 그렇기 때문에 성부는 구속 언약의 성취를 위해 하늘과 땅의 모든 권세, 은혜와 영혼과 생명이 지닌 모든 풍성함을 모든 권능 및 능력과 함께 성자께 주셨습니다.

이 모든 것은 신성과 인성의 연합 또는 인성 안에 실질적으로 거하시는 신성의 충만함, 혹은 분리할 수 없고 어디에나 계시는 삼위일체의 불가분적인 충족함과 전능함이 실로 불러오는 것이며, 구속 사역에 필요한 것입니다. "아버지께서 아들을 사랑하사 만물을 다 그의 손에 주셨으니." 즉 하나님은 자신의 사역을 이루시기 위해 모든 것을 성자께 주셨습니다.

3. 영생을 확신하는 이유들

그리스도와 그분을 통한 은혜 언약과 이로써 주어지는 화해를 마음으로부터 받아들이는 모든 사람은 영생을 확신할 수 있습니다. "아들을 믿는 자에게는 영생이 있고." 이 점이 신자에게 확고한 이유는 다음과 같은 사실 때문입니다.

1) 하나님의 의도와 취소할 수 없는 작정 안에서 신자는 영생하기로 선택된 사람입니다.

2) 하나님은 그를 유효하게 부르시고[1] 영생에 이르게 하십니다. 하나님은 신실하시므로 그렇게 하실 것입니다.

3) 하나님은 맹세로써 약속하시고 영원한 언약에 의해 불변하는 토대 위에서 신자에게 삶과 죽음 가운데 강한 위로를 주십니다.

4) 성찬이라는 성례에 주어진 위대한 인장 아래 영생의 보증과 보장이 있습니다. 신자는 종종 영생의 표지와 보증을 받기 위해 성찬으로 나아갑니다.

5) 신자의 대리자로서 신자를 소유하시는 생명의 근원이자 머리이신 그리스도 안에 우리의 생명이 놓여 있으므로 그 생명은 빼앗길 수 없습니다.

6) 영적인 생명과 중생을 실제로 소유함으로써 신자 안에 세워진, 성령 안에 있는 의와 평화와 기쁨으로 이루어진 나라는 장차 완전히 누리게 될 영생의 보증이 됩니다.

4. 불신자에게 주어지는 경고

예수 그리스도께서 지니신 의와 영생에 관한 교리를 받아들이지 않는 자에게는 두려운 경고가 주어집니다. "아들에게 순종하지 아니하는 자는 영생을 보지 못하고." 즉 그는 영생이 무엇인지를 깨닫지도 못하게 됩니다.

5. 불신자가 받는 이중적인 진노

사도 요한은 더 나아가 만일 어떤 사람이 하나님의 아들이신 그리스도에 관한 교리를 믿지 않으면 그는 하나님의 진노를 두 배나 받게 될 것이라고 경고합니다. 먼저 본성에 의해 타고난 반역 때문에 율법 또는 행위 언약의 저주를 받을 것이며, 다음으로 빛이 세상에 왔고 그에게 주어졌으나 그것을 거부하고 빛보다 어둠을 더 사랑한 것 때문에 더 큰 심판을 견뎌야 할 것입니다. 그가 불신의 상태에 남아 있는 한 이와 같은 이중적인 진노는 그에게 확고부동하게 머물러 고정될 것입니다. 요한은 이렇게 말합니다. "하나님의 진노가 그 위에 머물러 있느니라."

6. 믿음을 굳세게 하기

그러므로 연약한 신자는 이런 토대 위에서 다음과 같이 생각하며 자신의 믿음을 굳세게 할 수 있습니다.

1) 하나님의 아들에 의해 전해진 교리를 믿으며, 한편으로는 그리스도 안에 있는 생명에 의해 그리스도를 믿도록 강력하게 이끌림을 받고, 다른 한편으로는 하나님의 진노에 대한 두려움으로 그리스도께 붙어 있도록 인도받는 사람은 누구든지 그리스도를 통한 영생에 대해 권리와 유익이 있음을 확신할 수 있다.

2) 그런데 사악하고 무가치한 나는 연약한 신자처럼 하나님의 아들에 의해 전해진 교리를 진실로 믿으며, 나 자신이 한편으로는 그리스도안에 있는 생명에 의해 그리스도를 믿도록 강력하게 이끌림을 받고, 다른 한편으로는 하나님의 진노에 대한 두려움으로 그리스도께 붙어 있도록 인도받는다고 진실로 느낀다.

3) 그러므로 나는 그리스도를 통한 영생에 대해 권리와 유익이 있다고 확신할 수 있다.

믿음의 토대를 놓는 것과 믿음에 대한 보증에 관해 충분히 살펴보았습니다. 이제 참된 믿음의 증거로서 네 가지 필수적인 열매를 점검하며 실천적인 결론으로 나아가려 합니다.

1. 신자는 일생 도덕법[1] 전체를 지켜야 할 의무가 있음을 자신의 판단으로 굳게 확신해야 합니다. 그는 행위 언약과 율법의 저주로부터 그리스도에 의해 구원받았으므로 더욱 그러해야 합니다.
2. 신자는 경건과 의를 날마다 실천하고 훈련하는 일에 힘써 자라가야 합니다.
3. 신자의 새로운 순종의 여정은 올바른 경로, 즉 그리스도를 믿는 믿음과 선한 양심을 통해 하나님과 이웃을 향한 사랑의 모든 의무에 도달하도록 나아가야 합니다.
4. 신자는 근원이신 예수 그리스도와의 긴밀한 교통을 유지해야 합니다. 선한 열매를 낳기 위한 은혜는 그리스도로부터 흘러나오기 때문입니다.

4부

참된 믿음의 증거

구원받은 자의 삶에서 반드시 나타나는 열매

15

도덕법에 관한 신자의 의무를 깨달음

신자가 도덕법을 지키기 위한 의무를 자신의 판단으로 확신하도록 돕는 성경 구절이 많지만 우리는 다음 말씀을 취하려고 합니다.

"이같이 너희 빛이 사람 앞에 비치게 하여 그들로 너희 착한 행실을 보고 하늘에 계신 너희 아버지께 영광을 돌리게 하라 내가 율법이나 선지자를 폐하러 온 줄로 생각하지 말라 폐하러 온 것이 아니요 완전하게 하려 함이라 진실로 너희에게 이르노니 천지가 없어지기 전에는 율법의 일점 일획도 결코 없어지지 아니하고 다 이루리라 그러므로 누구든지 이 계명 중의 지극히 작은 것 하나라도 버리고 또 그같이 사람을 가르치는 자는 천국에서 지극히 작다 일컬음을 받을 것이요 누구든지 이를 행하며 가르치는 자는 천국에서 크다 일컬음을 받으리라 내가 너희에게 이르노니 너희 의가 서기관과 바리새인보다 더 낫지 못하면 결코 천국에 들어가지 못하리라"(마 5:16-20).

여기에서 우리 주님은 다음과 같은 메시지를 전하십니다.

1. 하나님의 은혜를 증거하는 선행

주님은 믿음에 의해 의롭다 함을 받은 신자에게 계명을 주십니다. 선행을 함으로써 사람들 앞에서 그들 속에 있는 하나님의 은혜를 증거하도록 말입니다. "너희 빛이 사람 앞에 비치게 하여 그들로 너희 착한 행실을 보고."

2. 선행에 의해 하나님이 영광 받으심

비록 행위에 의해 의롭다 함을 받지는 않지만 주님은 신자의 행위를 보는 자들이 회심하고 교화될 수 있다고 보여 주셔서 신자가 선행을 하도록 인도하십니다. 그리하여 선행을 목격하는 사람들이 "하늘에 계신 아버지께 영광을 돌리게" 될 때 하나님은 신자의 선행에 의해 영광을 받으실 것입니다.

3. 변함없는 도덕법

주님은 신자의 새로운 순종을 위해 모세와 선지자들을 통해 주어지고 해설된 도덕법 외에 다른 어떤 규칙을 주시지 않습니다. "내가 율법이나 선지자를 폐하러 온 줄로 생각하지 말라."

4. 신자의 도덕법에 대한 순종은 유지됨

신자는 은혜 교리와 주님을 향한 믿음으로 인해 율법의 저주로부터 자유를 얻습니다. 그런데 사람의 부패한 판단은 이 자유를 오해하여 신자가 계명에 순종하고 율법의 권위에 복종해야 할 의무를 느슨하게 하거나 제거하려 합니다.

실로 이런 오류는 율법과 선지자들을 폐하는 것입니다. 그러나 주님은 어떤 경우든 이런 일을 묵과하지 않으십니다. 이는 주님이 오신 목적에 반대되는 것인데, 주님의 목적은 먼저

신자를 깨끗하게 하고 그런 다음 그들을 구원하시는 것입니다. "내가 율법이나 선지자를 폐하러 온 줄로 생각하지 말라."

5. 복음은 순종을 낳음

주님은 복음과 은혜 언약의 목적이 사람으로 하여금 도덕법에 순종하게 하는 것이라고 가르치십니다. "내가 율법이나 선지자를 폐하러 온 줄로 생각하지 말라 폐하러 온 것이 아니요 완전하게 하려 함이라."

6. 영속적인 도덕법

도덕법에 대한 의무는 모든 조항에 있어 모든 거룩한 의무에 대해 영속적이며, "천지가 없어질 때까지", 곧 세상 끝날까지 유효하게 지속됩니다.

7. 성경의 내용은 끝까지 유지됨

하나님은 성경을 처음부터 보존하셨듯 세상 끝날까지 보존하실 것이며, 그 일점일획도 없어지지 않을 것입니다(마 5:18).

8. 율법에 순종하는 자의 가치

율법을 깨트리고 율법을 어기는 것이 죄가 아니라고 변호하는 사람은 천국에서 제외되고 참된 교회의 교제로부터 정당하게 배제됩니다. 반면 율법에 순종하고 각자의 부르심을 따라 모범, 권고 그리고 교리로써 율법에 순종하도록 다른 사람을 가르치는 이는 참된 신자로서 하나님을 높이 경외하며 참된 교회에 의해 크게 존중받을 가치가 있는 사람으로 증명됩니다(마 5:19).

9. 바리새인보다 더 나은 의

모든 참된 그리스도인의 의는 서기관과 바리새인의 의보다 더 나아야 합니다. 서기관과 바리새인은 비록 율법의 다양한 의무를 수행하기 위해 많은 노력을 기울였지만, 그들은 율법의 해석을 축소시켜서 그들의 관습을 덜 정죄받을 만한 것으로 만들었습니다.

그들은 의무의 외적 부분을 공부했으나 내적이고 영적인 부분은 무시했습니다. 그들은 몇몇 소소한 의무는 주의깊게 이행했지만 하나님의 공의, 자비 그리고 사랑은 무시했습니다. 한마디로 그들은 자신의 의를 세우려 했고 예수님을, 믿음에 의한 하나님의 의를 거부했습니다.

참된 그리스도인은 서기관과 바리새인이 가진 모든 것 이상을 가져야 합니다. 그는 율법의 영적인 의미를 충만하게 인식해야 하며, 모든 계명을 중시해야 하고 육과 영의 모든 더러움으로부터 자신을 정결하게 하도록 노력해야 합니다. 그러나 자신이 행한 일이나 해야 할 일에 무게를 두지 않고, 오히려 그리스도의 전가된 의로 옷 입어야 합니다. 이 의만이 자신의 벌거벗음을 숨길 수 있으며 이 의를 입지 않으면 그는 구원받을 수 없습니다. 본문은 "너희 의가 서기관과 바리새인보다 더 낫지 못하면"이라고 말합니다.

16

경건과 의의 법칙을 실천함

신자는 경건과 의의 법칙을 실천합니다. 참된 믿음을 증거하는 필수적인 두 번째 사항은 신자가 경건과 의의 법칙을 실천하기 위해 그리고 그것을 매일 실천함에 있어 자라기 위해 노력하는 것입니다.

"그러므로 너희가 더욱 힘써 너희 믿음에 덕을, 덕에 지식을, 지식에 절제를, 절제에 인내를, 인내에 경건을, 경건에 형제 우애를, 형제 우애에 사랑을 더하라 이런 것이 너희에게 있어 흡족한즉 너희로 우리 주 예수 그리스도를 알기에 게으르지 않고 열매 없는 자가 되지 않게 하려니와"(벧후 1:5-8).

1. 일곱 가지 자질

사도 베드로는 신자에게 그들 안에 있는 고귀한 믿음을 증거하도록 자매 관계에 있는 일곱 가지 서로 다른 자질을 그들의 믿음에 더하기 위해 노력하라고 가르칩니다.

1) **덕** 또는 모든 도덕적 의무에 대한 능동적인 실천과 행위. 이로써 믿음은 나태하지 않고 행위 속에서 믿음 그 자체를 드러냅니다.

2) **지식**. 이는 믿어야 할 진리에 대한 정보를 믿음에 제공하고 '어떤' 의무를 행하고 '어떻게' 그것을 신중하게 수행할지 덕에 그 방향성을 제공합니다.

3) **절제**. 모든 즐거운 것을 적절히 사용하는 것입니다. 이를 통해 사람은 어떤 즐거운 것에 매이지 않고 자신이 부르심을 받은 어떤 의무에 부적합한 상태에 놓이지도 않습니다.

4) **인내**. 사람이 어떤 어려움이나 불쾌한 일을 만날 때 감정을 조절하는 것, 사람이 선행을 하며 필요한 수고를 할

때 지치지 않는 것, 주님이 책망하실 때 낙심하지 않는 것, 주님이 그를 반대하실 때 불평하지 않는 것입니다.

5) **경건**. 이는 모든 기독교 실천 가운데 내적으로나 외적으로나 사람을 높이 들어 올립니다. 이로써 그는 자신이 행해야 할 모든 다른 의무에 대해 하나님으로부터 능력을 공급받을 수 있습니다.

6) **형제 우애**. 이는 모든 믿음의 가족과 하나님의 형상이 드러나는 사람을 향한 존중과 애정을 유지시킵니다.

7) **사랑**. 이는 하나님이 주시는 모든 상황 속에서 모든 사람에게 선을 행할 준비를 하도록 마음을 지켜 줍니다.

2. 결함 속에서도 최선을 다함

경건한 사람도 부패와 결함이 많은 것은 사실입니다. 그러나 베드로는 사람이 올바르게 노력하고, 할 수 있는 대로 최선을 다하면서 이 모든 자질을 서로 연결하고, 이를 실천함에 있어서 성장하라고 촉구합니다. "너희가 더욱 힘써."

3. 선한 자질이 없는 사람은 기만자임

사도 베드로는 모든 고백하는 신자가 이러한 가르침에 순종하며 유익을 얻듯이 그들도 자신의 믿음이 건전하다는 것을 유익하게 증명하리라 확신합니다. 그리고 만일 그들에게 이런 자질이 없다면 그들은 자신을 속이는 눈먼 기만자로 드러날 것입니다. "이런 것이 없는 자는 맹인이라 멀리 보지 못하고 그의 옛 죄가 깨끗하게 된 것을 잊었느니라(벧후 1:9)."

17

그리스도를 믿음에 따르는 율법에 대한 순종

참된 믿음을 증거하는 세 번째 사항은 올바른 경로를 따라, 즉 그리스도를 믿는 믿음을 통해 율법에 대한 순종이 일어나는 것입니다.

"이 교훈의 목적은 청결한 마음과 선한 양심과 거짓이 없는 믿음에서 나오는 사랑이거늘"(딤전 1:5).

여기에서 사도는 다음의 일곱 가지 교리를 가르칩니다.

1. 율법(교훈)에 대한 순종은 믿음으로부터

율법에 대한 순종은 사랑에서, 사랑은 청결한 마음에서, 청결한 마음은 선한 양심에서 그리고 선한 양심은 거짓 없는 믿음에서 나와야 합니다. 바울은 이를 선행의 유일하게 올바른 경로로 인정합니다. "이 교훈의 목적은 청결한 마음과 선한 양심과 거짓이 없는 믿음에서 나오는 사랑이거늘."

2. 율법의 목적은 사랑

율법의 목적은 유대 교사의 가르침처럼 사람이 자신의 순종으로 의롭다 함을 받게 하려는 것이 아닙니다. 죄인이 율법에 의해 의롭다 함을 받기란 불가능하며, 죄인은 모든 범죄에 대해 율법에 의해 정죄받을 뿐입니다. 율법의 목적은 유대 교사의 가르침과 달리 청결한 마음에서 나오는 사랑입니다.

3. 율법은 믿음을 통해 사랑이 흘러나오게 함

율법이 사람에게 선포된 참된 목적은, 그들이 율법에 의해 자신이 정죄받아 마땅함을 깨닫고 그리스도께로 가식 없이 피하여 그리스도를 믿는 믿음에 의해 의롭다 함을 받게 하려는 것입니다. 그리하여 본문이 말하는 대로 율법은 그리스도를 믿는 믿음을 통해 사랑이 흘러나오게 합니다.

4. 양심은 믿음의 다스림을 받아야 함

누구도 사랑으로 율법에 순종하도록 그 자신을 움직일 수 없습니다. 그의 양심이 믿음으로 다스림을 받거나 그리스도의 다스림을 받도록 추구하지 않는다면 말입니다. 왜냐하면 "이 교훈의 목적은 … 선한 양심과 거짓이 없는 믿음에서 나오는 사랑"이기 때문입니다.

5. 거짓 없는 믿음은 율법을 고려함

거짓된 믿음은 율법을 고려하지 않고 그리스도께로 나아가므로 의무를 누락합니다. 그러나 거짓 없는 믿음은 율법을 고려합니다. 그리하여 종종 율법을 어긴 것에 대한 죄책감을 스스로 느끼고 피난처를 찾아 그리스도께로, 의에 이르게 하는 율법의 완성이신 분께 달려가게 합니다.

6. 마음의 청결함

사랑의 열매가 구체적인 행동으로 나타나려면, 마음이 모든 죄와 부정을 미워하고 모든 거룩함을 모든 면에서 따르려는 확고한 목적을 가져야 합니다.

7. 거짓 없는 믿음은 율법에 순종하게 함

거짓 없는 믿음은 양심을 선하게 하고 마음을 청결하게 하며 사람이 사랑으로 율법에 순종하게 할 수 있습니다. 왜냐하면 믿음으로 그리스도의 피가 하나님의 공의를 만족시키는 것을 볼 때, 양심이 평안을 얻으며 더는 마음이 죄를 사랑하도록 내버려 두지 않을 것이기 때문입니다.

오히려 양심은 하나님의 자비로 인해 하나님을 경외하고 하나님의 모든 계명에 순종하도록 그 사람을 세울 것입니다. 이런 순종은 하나님을 향한 사랑으로부터, 하나님의 칭의라는 값없이 얻은 선물 덕분에 자신에게 주어진 은혜에 의해 흘러나옵니다. 실로 이것이 율법의 목적이며, 이에 따라 믿음은 다른 어떤 방법보다 더 많이 사람으로 하여금 하나님의 계명에 순종하게 할 것입니다.

18

그리스도와 긴밀한 교제를 유지함

참된 믿음을 증거하는 네 번째 사항은 모든 은혜와 선행의 근원이신 그리스도와 긴밀한 교제를 유지하는 것입니다.

"나는 포도나무요 너희는 가지라 그가 내 안에, 내가 그 안에 거하면 사람이 열매를 많이 맺나니 나를 떠나서는 너희가 아무 것도 할 수 없음이라"(요 15:5).

여기서 그리스도께서는 포도나무 비유를 통해 우리에게 다음을 가르치십니다.

1. 그리스도께서는 포도나무이심

본성적으로 우리는 거칠고 메마른 가시나무입니다. 우리가 그리스도께로 나아가 변화되기 전까지는 말입니다. 그러나 그리스도께서는 그분 자신 안에 모든 생명과 은혜의 수액을 지니신 고귀한 포도나무이십니다. 그리고 그리스도께서는 그분께 나아오는 각 사람의 본성을 변화시키실 수 있습니다. 또한 그분을 믿는 많은 사람에게 영과 생명을 전달하실 수 있습니다.

2. 그리스도와 신자의 연합

그리스도께서는 신자를 그분께 연합시키셔서 신자가 불신으로 인해 그분과 분리되지 않기를 바라십니다. 또한 믿음과 사랑으로 신자가 그리스도 안에 거하게 하시며, 말씀과 성령으로 그리스도께서 신자 안에 거하십니다. 이러한 상호 내주는 그리스도께서 신자와 분리될 수 없도록 연합하시기 때문입니다.

3. 그리스도와의 연합이 없으면 선행은 불가함

사람이 그리스도께 접붙여지지 않고 믿음을 통해 그리스도와 연합하지 않으면, 그는 자신의 힘으로 어떤 미미한 선행이라도 할 수 없습니다. 그렇습니다. 사람이 믿음에 의해 그리스도로부터 영과 생명을 끌어오지 않는 한 그가 수행하는 행위는 하나님이 판단하시는 선함의 기준으로 볼 때 부적절하고 무가치할 뿐입니다.

4. 상호 내주의 세 가지 전제

이러한 상호 내주는 사람이 덕행을 계속 풍성하게 할 수 있는 근원이자 분명한 원인입니다. 우리가 그리스도 안에 거하는 일은 다음의 세 가지 사실을 전제합니다.

1) 우리는 율법에 의해 잃어버린 바 된 죄인에게 그리스도를 제공하는 복음의 기쁜 소식을 들었습니다.

2) 우리는 은혜로 주어지는 그리스도를 마음으로부터 받아들였습니다.

3) 그리스도를 받아들임으로써 우리는 하나님의 자녀가 됩니다(요 1:12). 그리고 우리는 그리스도의 신비로운 몸과 결합됩니다. 그리하여 그리스도께서는 우리를 그분의 성전 삼아 우리 안에 거하시고, 우리는 의와 생명의 거처로서 그리스도 안에 거합니다.

5. 그리스도 안에 거함의 세 가지 의미

그러므로 우리가 그리스도 안에 거하는 것은 다음과 같은 세 가지 사항을 의미합니다.

1) 우리가 하나님께 드리는 모든 기도 가운데 그리고 하나님을 예배하기 위해 우리가 행하는 모든 일 가운데 그리스도를 가장 의지하는 것입니다.

2) 우리가 의 또는 생명 또는 어떤 지식을 우리 자신이나 어떤 피조물의 가치 속에서 찾기 위해 그리스도로부터 떨어지지 않고 오직 그리스도의 충분함으로 만족하는 것입니다.

3) 우리가 확고하게 그리스도를 믿고, 확고하게 그리스도를 가장 의지하고, 확고하게 그리스도 안에서 만족하며 그분을 따르는 것입니다. 그러므로 사탄이나 세상의 미혹과 유혹도, 어떤 위협이나 고난도 그리스도를 따르는 우리의 확고함 그리고 그리스도의 진리를 끝없이 인정하고 그분의 계명에 순종하는 일로부터 우리 영혼을 몰아내지 못합니다.

그리스도께서는 우리를 사랑하셔서 우리를 대신해 자신을 주셨습니다. 그리스도 안에 우리의 생명이 보존됩니다. 그뿐 아니라 그리스도께서는 그분 안에서 신성과 인성이 실제적이고 인격적으로 연합했기 때문에 신성의 모든 충만함이 육체로 거하는 분이십니다.

19

신자를 견고히 세우기 위한 실천적인 결론

1. 믿음과 순종 안에서 굳세게 하기

깨어 있는 신자는 믿음과 순종 안에서 자기 자신을 굳세게 하기 위해 다음과 같은 방식으로 생각해야 합니다.

1) 율법에 반대한 죄의 죄책과 오염으로부터 자신의 양심과 정서를 깨끗하게 하기 위해 그리고 사랑으로 율법에 순종하도록 도우심을 얻기 위해 날마다 예수 그리스도를 가장 의지하는 사람은 그 자신 안에 참된 믿음의 증거를 가지고 있다.

2) 그런데 나는 모든 깨어 있는 신자처럼, 율법에 반대한 죄의 죄책과 오염으로부터 나의 양심을 깨끗하게 하기 위해 그리고 사랑으로 율법에 순종하도록 도움을 얻기 위해 날마다 예수 그리스도를 가장 의지한다.

3) 그러므로 나는 내 안에 참된 믿음의 증거를 가졌다.

2. 게으른 신자의 각성

활기 없고 게으른 신자는 자기 자신을 각성시키기 위해 다음과 같이 생각해야 합니다.

1) 참된 믿음의 증거를 보이는 데 필요한 것은 무엇이든지 나는 그것을 행하기 위해 공부한다. 그렇지 않으면 나는 나 자신을 속이고 멸망하게 될 것이다.

2) 그런데 율법에 반대한 죄의 죄책과 오염으로부터 나의 양심과 정서를 깨끗하게 하고 사랑으로 율법에 순종할 도움을 얻기 위해 예수 그리스도를 가장 의지하는 일이, 내 안에 참된 믿음이 있음을 증거하는 데 필요하다.

3) 그러므로 나는 이를 행하기 위해 공부한다. 그렇지 않으면 나는 나 자신을 속이고 멸망하게 될 것이다.

3. 예정된 사람은 그리스도께로 나아올 것임

마지막으로, 하나님의 택함 받아 생명에 이르고 예수 그리스도께 속하여 구속받은 사람의 확실한 증거로 그리스도께서는 이를 제시하셨습니다. "누구든지 내게로 오면." 다시 말해 은혜 언약을 맺고 그리스도와의 교제가 지속되는 것입니다. 주님이 요한복음 6장 37절에서 가르치셨듯이 말입니다. "아버지께서 내게 주시는 자는 다 내게로 올 것이요 내게 오는 자는 내가 결코 내쫓지 아니하리라."

4. 양심의 각성

죄 사함을 받고 삶을 교정하기 위해 예수 그리스도를 진지하게 의지하지 않는 모든 사람은 이 책의 전체 내용에 근거하여 다음과 같은 방식을 따라 생각하며 자신의 양심을 일깨우십시오.

1) 그리스도께 나아오도록 그리고 죄 사함을 받고 삶을 교정하기 위해 날마다 그리스도를 가장 의지하도록 율법이나 복음을 통해 죄, 의, 심판을 확신하지 않는 사람은 누구든지 구원하는 믿음의 증거뿐만 아니라, 택함 받은 자로서 어떠한 모양도 가지지 않는다. 계속 이런 상태에 머문다면 말이다.

2) 그런데 나는 모든 회개하지 않는 사람처럼 그리스도께 나아와 죄 사함을 받고 삶을 교정하기 위해 날마다 그리스도를 가장 의지하도록 율법이나 복음을 통해 죄, 의, 심판에 대해 확신하지 못한다.

3) 그러므로 나는 이런 상태에 머물러 있는 한 구원하는 믿음의 증거뿐만 아니라 내가 택함 받았다는 어떠한 모양도 가지지 않는다.

편역자 주

편역자 서문
1) 이에 대한 철저한 언급은 다음을 참조하라. 이스데반, 『중생이란 무엇인가』 (서울: 부흥과개혁사, 2012), 130-145. 관련하여 편역자의 미출간 논문을 또한 참조하라. "한국교회 세대별 대표적 전도지들에 대한 소고: 『장원양우 상론』, 『사영리』, 『참 구원의 길』에 대하여"(미출간 pdf 원고, 2025). 다음 웹페이지에서 다운로드하여 볼 수 있다. https://catechism.tistory.com/1770
2) 2012년 부흥과개혁사에서 출간되었으나 이는 2024년 현재 절판되었고, 2025년 내에 도서출판 다함에서 재출간될 예정이다. 이 전도지는 크메르어로 번역되어(캄보디아 이철희 선교사 역본, 2016년) 선교 현장에서 자체적으로 제작하여 사용 중이다. 중국어와 영어로도 번역되었다. 해당 파일은 다음 웹페이지에서 다운로드하여 볼 수 있다. https://catechism.tistory.com/94
3) 윌리엄 밀른, 『장원 양우 상론』, 마포삼열 19세기 한글역, 김홍만·이스데반 현대어 공역 (서울: 부흥과개혁사 2012).
4) 본서의 전체 제목은 다음과 같다. 『구원 지식의 요체: 또는 성경에 포함된 그리고 웨스트민스터 신앙고백과 교리문답서들 안에 제시된 기독교 교리의 간단한 요약 및 그것들의 실천적 사용법』(*THE SUM OF SAVING KNOWLEDGE: OR, A BRIEF SUM OF CHRISTIAN DOCTRINE. CONTAINED*

IN THE HOLY SCRIPTURES, AND HOLDEN FORTH IN THE WESTMINSTER CONFESSION OF FAITH AND CATECHISMS; TOGETHER WITH THE PRACTICAL USE THEREOF).

5) 알미니우스주의에 대해서 다음을 참조하라. 제임스 패커, 『알미니우스주의』, 이스데반 역 (서울: CLC, 2019).

영서 발행인 서문
1) 신판. W. H. Carslaw (Edinburgh: Johnstone, Hunter, & Co., 1870), 294.
2) 웨스트민스터 신앙고백서와 대·소요리 문답서를 말한다.

1부 구원 지식의 핵심
1) '택자'는 하나님이 영원 속에서 구원하시기 위해 선택하신 사람을 말한다. 그러므로 택자는 모두 구원을 받으며 구원받는 사람은 모두 택자이다. 웨스트민스터 신앙고백 제3장 전체 참조.

1장 행위 언약을 어긴 사람의 비참한 상태
1) '위격'은 구분되지만 본성적으로 분리되지 않는 하나님의 실재를 가리키는 용어로서 세 위격은 성부, 성자, 성령이시다.
2) 웨스트민스터 신앙고백 7장 2항은 행위 언약에 대해 다음과 같이 말한다. "[하나님이] 사람과 맺으셨던 첫 언약은 행위 언약이었으며 그 안에서 생명이 아담에게 그리고 아담 안에서 그의 후손에게 약속되었는데 이는 완전하고 인격적인 순종을 조건으로 한 것이었다."
3) '비공유적 속성'은 하나님과 피조물의 구별됨을 강조하는 하나님의 속성으로서 무한성, 불변성, 영원성 등이 있다. 하나님은 불변하시나 인간은 변한다는 점에서 불변성은 하나님만 가지시는 비공유적 속성으로 볼 수 있다.
4) 원죄와 관련하여 다음을 반드시 참조하라. https://catechism.tistory.com/1776

2장 예수 그리스도 안에서 주어진 구제책

1) 구속 언약에서 성령님이 제외되는 것이 아니다. 성령님은 그리스도께서 이루신 구속을 택자에게 적용하는 일에 있어서 성부 및 성자와 동의하셨다. 맥그로는 이렇게 표현한다. "구속 언약의 당사자는 아버지와 아들이며 성령의 동의가 여기에 수반된다"[라이언 맥그로, 『언약신학이란 무엇인가』, 윤석인 역 (서울: 부흥과개혁사, 2025), 30]. 그러므로 구속 언약은 궁극적으로 삼위일체 하나님 사이 영원 속 구원 '협약' 또는 '협의'다. 블레어 스미스는 이 책의 저자인 데이비드 딕슨이 구속 언약에 대해 한 주장과 관련해 다음과 같이 평가한다. "신학자 데이비드 딕슨은 1638년 스코틀랜드 교회 총회 연설에서 항론파 신학을 반대하면서 항론파가 구속 언약을 부인하는 경향을 그들의 주된 잘못으로 지목했다. 영원 전에 체결된 성부 하나님과 성자 하나님 사이의 언약은 택함 받은 자 속에서 은혜 언약의 불가침성을 보증했고, 따라서 구속 언약은 성도의 견인을 부정하거나 조건적인 선택론을 주장하는 등 아르미니우스주의가 범하는 추가적인 오류를 차단하는 보루로 작용했다"[블레어 스미스, "종교개혁 이후 언약신학의 전개", 『언약신학』, 가이 워터스 외 2인 엮음, 김귀탁 역 (서울: 부흥과개혁사, 2022), 537].

2) 본서를 사용하여 가르치는 사람은 구속 언약의 내용을 더 깊이 들여다보기 위해 다음 자료를 참조할 수 있다. 헤르만 바빙크, 『개혁교의학 3권』 (서울: 부흥과개혁사, 2011), 259-263[346항]; 문병호, 『기독론』 (서울: 생명의말씀사, 2016), 248-264; 가이 리처드, "구속 언약", 블레어 스미스, "종교개혁 이후 언약신학의 전개", 『언약신학』, 가이 워터스 외 2인 엮음, 김귀탁 역 (서울: 부흥과개혁사, 2022), 46-75, 535-541.

웨스트민스터 신앙고백은 '구속 언약'이라는 용어를 명시적으로 사용하지 않으나 8장 1항에서 이와 관련된 사항을 다음과 같이 제시한다. "하나님은 자신의 영원한 목적 안에서 [하나님과 하나님의 독생자 사이에 맺으신 언약에 따라서] 자신의 독생자이신 주 예수님을 택정하셔서 하나님과 사람 사이의 중보자, 선지자, 제사장, 왕, 자신의 교회의 머리요 구주, 만유의 상속자 그리고 세상의 심판주가 되게 하시기를 기뻐하셨다. 하나님은 자신의 독생자에게 그의 후손이 되도록 만세 전부터 한 백성을 주셨고, 때가 이르러 그로 말미암아 부름 받고, 의롭다 함을 받고, 성화되고, 영화되게 하셨다." 개혁파 신앙고백서인 1689년 침례교 런던 신앙고백서는 웨스트민스터 신앙고백서를 본뜬 것인데 같은 내용 가운데 웨스트민스터 신앙고백서에는 없는 대괄호 부분의 내용을 첨가함으로써, 이 항목이 구속 언약을 가리키는 것임을 적시했다.
3) 구속 언약의 성취는 곧 은혜 언약에 해당한다. 그러므로 은혜 언약은 구속 언약을 전제하고 구속 언약에 기초한다.
4) 이 부분은 독자의 이해를 돕기 위해 편역자가 추가하여 붙인 것이다. 웨스트민스터 신앙고백 7장 3항은 은혜 언약에 대해 이렇게 말한다. "사람은 타락으로 인해 그 자신을 행위 언약에 의한 생명을 받을 수 없도록 만들었으나 주님은 통상적으로 은혜 언약이라고 불리는 둘째 언약을 만들기를 기뻐하셨다. 이 언약 안에서 하나님은 사람이 구원받도록 예수 그리스도를 믿을 것을 요구하시고, 생명으로 정해진 모든 사람에게 그들이 기꺼이 믿으려 하고 믿을 수 있도록 자신의 성령을 주시기로 약속하시면서 예수 그리스도에 의해 생명과 구원을 죄인에게 값없이 제공하신다."
5) 투레티누스는 구속 언약과 은혜 언약의 관계를 다음과 같이 설명한다. "여기에 이중적 언약 혹은 두 부분과 두 영역을 지닌 동일한 하나의 언약이 요구됨이 분명하다. 전자(구속 언약)는 구원 사역을 위한 성부와 성자 사이의 협정이다. 후자(은혜 언약)는 하나님이 그리스도로 말미암아 택함 받은 자를 그들의 믿음과 회개를 조건으로 구원하시고자 그들과 맺은 것이다. 전자(구속 언약)는 지체의 구원을 위해 그들의 보증이자 머리와 맺은 것이고, 후자(은혜 언약)는 그 머리이자 보증 안에서 지체와 맺은 것이다"[Franciscus Turretinus, *Institutio Theologiae Elencticae*, 12.12.12; 재인용. 문병호, 『기독론』 (서울: 생명의말씀사, 2016), 250. 괄호는 편역자 첨가].
6) 이는 독자의 이해를 돕기 위해 편역자가 추가한 것이다. 구속 언약과 은혜 언약을 구별되는 하나의 언약으로 이해한다면 다음과 같은 바빙크의 언급은 정당하다. "성경에는 단지 두 가지 언약, 인간이 하늘에 이르는 두 길, 즉 행위 언약과 은혜 언약만 있다. 행위 언약은 타락하지 않은 인간이 하늘에 이르는 길인 반면, 은혜 언약은 타락한 인간이 하늘에 이르

는 길이다"[헤르만 바빙크, 『개혁교의학 3』, 박태현 역 (서울: 부흥과개혁사 2011), 278(349항)].

4장 수단을 통해 주어지는 구원의 은혜
1) 무엇을 전가한다는 것은 그것을 어떤 사람에게 귀속시키고 돌리는 것이다.

5장 율법을 통해 죄를 깨달음
1) 본서에서 '율법'은 하나님 사랑과 이웃 사랑의 계명으로서 십계명에 요약된 '도덕법'을 가리킨다. 이와 관련하여 웨스트민스터 신앙고백 19장을 참조하라. 웨스트민스터 대요리문답 93번은 도덕법에 대해 다음과 같이 서술한다. "문: 도덕법이란 무엇입니까? 답: 도덕법이란 인류에게 선포된 하나님의 뜻입니다. 이 법은 모든 사람이 이 법에 인격적인, 완전한, 영속적인 순응과 순종을 하도록 가리키고 의무를 지웁니다. 영혼과 육체, 즉 전체 인간의 구성과 성향 속에서 그리고 하나님과 사람에게 해야 할 거룩함과 의의 모든 의무를 수행함 속에서 말입니다. 이 법을 완수할 경우에는 생명이 약속되고 불이행할 경우에는 죽음의 위협이 가해집니다."

9장 오직 그리스도를 믿음으로 얻는 의
1) 이는 『사영리』 등의 전도지에 나오는 영접 기도와는 차원이 다르다. 소위 '영접 기도'는 사람이 주문처럼 따라하게 하고 통과한 사람에게 구원의 확신을 연이어 주입하는 인위적인 수단으로 전락하는데 이는 결코 성경적인 구원의 방법이 될 수 없다. 본서에 나오는 기도의 본보기는 하나님을 찾는 절실한 마음을 하나님께 드리도록 인도하는 차원에서 기도의 한 유형으로 제시된 것이다. 그리하여 각 사람이 은혜를 직접 끌어내는 것이 아니라 말씀과 기도를 통해 '하나님'의 은혜를 선물로 '얻도록' 말이다.

10장 은혜 언약을 받은 사람에게 나타나는 믿음의 강화
1) 행위 언약이 죄와 사망의 법이라고 불리는 까닭은 행위 언약이 그리스도께서 우리를 자유롭게 하실 때까지 죄와 사망을 우리에게 묶어 두기 때문이다. 이 부분은 원문에 포함되나 편역자가 주석으로 옮겼다.

2) 은혜 언약에 생명의 성령의 법이라는 이름이 붙은 이유는 은혜 언약은 사람이 그리스도를 통해 영적인 생명을 얻도록 자격을 부여하고 그를 일깨우기 때문이다. 이 부분은 원문에 포함되나 편역자가 주석으로 옮겼다.
3) 구속 언약에 관해 2장을 참조하라.

11장 하나님의 애정 어린 초청
1) 화해 언약은 곧 은혜 언약을 가리킨다.

13장 모든 사람에게 믿으라고 하시는 하나님의 명령
1) '보이는 교회'는 이 땅에 우리 눈에 보이도록 존재하는 지역 교회를 가리키는데, 곧 복음이 선포되고 성례가 시행되는 교회다. 자세한 사항은 웨스트민스터 신앙고백 25장을 참조하라.

14장 신자에게 주어진 영생의 확신
1) 유효한 부르심은 웨스트민스터 신앙고백 10장 1항에서 다음과 같이 서술된다. "하나님이 생명으로 예정하신 모든 사람, 하나님은 오직 그들만을 자신이 정하시고 인정하신 때에 유효하게 부르기를 기뻐하신다. 이는 본성적으로 처해진 죄와 죽음의 상태로부터 하나님의 말씀과 성령에 의해 예수 그리스도로 인한 은혜와 구원으로의 부르심이다. 이 부르심에서 하나님은 그들 마음을 영적으로 그리고 구원에 이르도록 조명하셔서 하나님의 일을 이해하게 하시고, 돌 같은 마음을 제하고 살 같은 마음을 주시며, 그들의 의지를 새롭게 하시고 자신의 전능하신 능력으로 그들의 의지가 선한 것을 향하게 하시고, 그들을 유효하게 그리스도께로 이끄신다. 그러나 그들은 하나님의 은혜에 의해 자원하는 마음으로 자유롭게 나아간다."

4부 참된 믿음의 증거
1) 도덕법은 현세에서 인간에 대한 하나님의 지속적이고 변치 않는 의의 통치를 드러내는 하나님 사랑과 이웃 사랑의 율법으로서 십계명에서 요약되고 구체화된 것이다. 5장의 주석을 참조하라.

사명선언문

너희가 흠이 없고 순전하여……세상에서 그들 가운데 빛들로
나타내며 생명의 말씀을 밝혀 _ 빌 2:15-16

1. 생명을 담겠습니다
만드는 책에 주님 주신 생명을 담겠습니다.
그 책으로 복음을 선포하겠습니다.

2. 말씀을 밝히겠습니다
생명의 근본은 말씀입니다.
말씀을 밝혀 성도와 교회의 성장을 돕겠습니다.

3. 빛이 되겠습니다
시대와 영혼의 어두움을 밝혀 주님 앞으로 이끄는
빛이 되는 책을 만들겠습니다.

4. 순전히 행하겠습니다
책을 만들고 전하는 일과 경영하는 일에 부끄러움이 없는
정직함으로 행하겠습니다.

5. 끝까지 전파하겠습니다
모든 사람에게, 땅 끝까지, 주님 오시는 그날까지
복음을 전하는 사명을 다하겠습니다.

서점 안내

광화문점	서울시 종로구 새문안로 69 구세군회관 1층 02)737-2288 / 02)737-4623(F)
강남점	서울시 서초구 신반포로 177 반포쇼핑타운 3동 2층 02)595-1211 / 02)595-3549(F)
구로점	서울시 동작구 시흥대로 602, 3층 302호 02)858-8744 / 02)838-0653(F)
노원점	서울시 노원구 동일로 1366 삼봉빌딩 지하 1층 02)938-7979 / 02)3391-6169(F)
일산점	경기도 고양시 일산서구 중앙로 1391 레이크타운 지하 1층 031)916-8787 / 031)916-8788(F)
의정부점	경기도 의정부시 청사로47번길 12 성산타워 3층 031)845-0600 / 031)852-6930(F)
인터넷서점	www.lifebook.co.kr